AF561569

MES
NOUVEAUX TORTS,
OU
NOUVEAU MÉLANGE
DE POÉSIES.

Si l'on veut encore me faire un crime (comme je dois m'y attendre) des hommages adreſſés dans ce Recueil à quelques Perſonnes aimables, qu'on ſe reſſouvienne au moins que toutes les Pièces qu'on raſſemble à la fois ſous les yeux du Public, ont été faites en différens tems dans le cours de douze années. La complaiſance, la galanterie, les égards mêmes qu'on doit à la Société, autoriſent & devroient faire pardonner ces tributs du moment, qu'on ne s'eſt jamais aviſé de reprocher qu'à moi. L'indiſcrétion & l'amour-propre n'y ont aucune part. Ceux qui me connoiſſent ſavent à quel point l'un & l'autre me ſont étrangers. La fatuité eſt le plus petit des vices, & je ſerois bien honteux qu'on m'en ſoupçonnât.

E. De Ghendt sculp.

MES NOUVEAUX TORTS,

OU

NOUVEAU MÉLANGE DE POÉSIES,

POUR SERVIR DE SUITE

AUX FANTAISIES.

A AMSTERDAM,

ET A PARIS,

Chez MONORY, rue de l'ancienne Comédie Françoise.

M. DCC. LXXV.

LETTRE
A MADAME
LA COMTESSE DE....

PERMETTEZ, Madame que je vous présente ce Recueil de Poéſies. C'eſt leur ménager un ſoutien que de les faire paroître ſous vos auſpices. La plûpart ſont abſolument nouvelles; les autres ſont revues avec tant de ſoin, que j'ai oſé les remettre ſous les yeux du Public; c'eſt la dernière Collection de ce genre que je veuille lui offrir. Elle eſt le fruit d'une imagination qui s'affecte trop aiſément peut-être des différens objets, & qui peint rapidement ce qui l'a frappée de même.

L'âge de cette effervescence eſt paſſé. Il eſt tems de fournir à la malignité des prétextes plus ſolides de s'exercer à mes dépens. C'eſt avec une ſorte de complaiſance que j'en ai vu le progrès. Pour peu qu'il augmente, je ne réponds pas de pouvoir me défendre de quelques mouvemens d'amour-propre, si toutefois il est possible qne la gloriole littéraire parvienne (aujourd'hui sur-tout) à les exciter dans un bon esprit. Je dis, aujourd'hui, Madame, parce que c'est de nos jours en effet que date la décadence bien sensible de tous ces Arts agréables que la Nation payoit autrefois de son estime, & qui n'éprouvent plus que son indifférence par les travers de ceux qui les cultivent. Les Gens de Lettres ont eu des torts qu'il est impossible de se dissimuler. Ils ont préféré une existence éphémère & bruyante au recueillement laborieux de leurs Prédécesseurs, & à ce long souvenir qu'ils ont laissé de leurs Ouvrages. C'est dans l'ombre de la retraite & de la méditation que ces derniers étudioient la Nature. Nos Ecrivains modernes vont la chercher par-tout où elle n'est pas. Aussi bizarres dans leurs desseins, que froids & vagues dans leur couleur, ils peignent de fantaisie ne pouvant atteindre au modèle. Les uns, berçant leur oisiveté des rêves de l'ambition, végétent à la Cour qui ne les apperçoit point; les autres, ſe contentant de régenter la Ville ,t rouvent plus commode de détruire leurs rivaux par le manége, que de les ſurpaſſer par le talent. Ils uſurpent la ſouveraineté des cercles, la juriſdiction des ſoupers, ſe diſent profonds pour ſe diſpenſer d'être aimables, font adopter à quelques femmes leur jargon ſcientifique, offrent, à tout venant, une érudition banale dont perſonne ne veut, diviſent, ſubdiviſent, argumentent ſur tout, n'inſtruiſent de rien, cachent leur inſuffiſance ſous le Charlataniſme, & font autant de dupes qu'ils comptent d'admirateurs.

D'autres encore, & c'eſt le plus grand nombre, s'érigent en Prôneurs intrépides, ſe font les Chevaliers errans de la ſottiſe, & proclament par état les oiſifs illuſtres que l'on confie à leur activité. Pendant qu'ils vont, qu'ils courent, qu'ils ſe tourmentent, les objets de leurs éloges ſe repoſent, ne ſe donnent pas même la peine de penſer, &, au bout de quelques mois, ils ſe réveillent un beau matin avec une réputation toute arrangée & un mérite dont ils ne ſe doutoient pas. De-là, Madame, les fureurs de l'eſprit de parti. C'eſt lui ſeul qui domine, qui marque les rangs, élève ou renverſe ſes idoles & ſes victimes. Les ſources de la gloire ſont fermées. On protège la Satyre impudente. L'audace perſécute l'honnêteté, la foibleſſe l'abandonne. Plus d'enthouſiaſme. Plus d'élan. On ne marche plus à la réputation, on ſe traîne méthodiquement à la célébrité. Le deſpotiſme des uns, la ſervitude des autres, le ridicule de preſque tous, voilà le ſéduiſant tableau de notre Littérature.

Que pouvoit eſpérer, en pareille circonſtance, un eſprit trop inflexible pour deſcendre aux ſoupleſſes de l'intrigue, une ame trop franche pour contraindre ſes ſentimens, trop délicate pour feindre, trop haute pour flatter, trop indépendante ſur-tout pour careſſer les diſpenſateurs de la fortune, & s'énerver ſous le joug des cotteries, ennemies de toute juſtice, & deſtructives de toute émulation.

Depuis douze ans, mes travaux ne m'ont guères valu que des injuſtices, & c'eſt dans ces mêmes travaux que j'ai trouvé ma conſolation. Un cœur honnête ſe ſuffit. On le révolte quelquefois, rarement on l'aigrit, on ne le change jamais.

Au milieu des cabales, des ligues, de ces

débats éternels où l'amour-propre s'agite & se croise, ce n'est point une simple existence littéraire qu'il faut défendre, il faut sauver avant tout la dignité d'Homme & de Citoyen.

Ce trésor est d'autant plus précieux qu'il devient tous les jours plus rare. Est-on obscur, c'est lui qui dédommage de l'être. A-t-on le malheur d'être connu, c'est encore lui qu'il faut transmettre sans tache à la postérité? Si nos arrogans petits Littérateurs pouvoient se convaincre de la futilité du bel esprit, quand il n'est pas joint aux qualités de l'ame & à la noblesse du caractère, ils seroient bien humiliés d'avoir été si vains.

Vous me demandiez, Madame, comment il étoit possible, que, ne reclamant rien, ne prétendant à rien, incapable de nuire, je me visse en butte à tant de cabales, de libelles & d'animosités. Si vous le permettez, je hazarderai quelques détails, qui, fixant sous vos yeux le point d'où je suis parti, ne vous laisseront plus de surprise sur tout ce qui m'est arrivé.

Je suis, loin de me croire un personnage assez intéressant pour occuper de moi le Public ni vous. C'est la sensibilité qui s'épanche, non la vanité qui ſe plaint. Je l'ai toujours regardée comme le vice des ames froides, le cachet des petits eſprits, & le garant de la nullité. Mais, n'ayant aucun tort, peut-être eſt-il important pour moi de le dire, de le conſtater, pour que la conduite de certaines gens à mon égard paroiſſe dans tout ſon jour.

En entrant dans le monde, mon premier vœu ne fut point pour les Lettres. Des Parens dont je dépendois, me forcèrent de quitter l'état que je m'étois choiſi, comme le plus convenable à mes goûts. C'eſt alors que la carrière où je ſuis s'offrit à mon imagination ardente & trompée. Je la voyois de loin; elle me parut ſemée de fleurs. Je n'apperçevois devant moi qu'une route applanie, des plaiſirs purs, un Ciel ſerein. Tout me ſembloit brillant, je fus décidé. Mais l'amour exceſſif des plaiſirs, de la diſſipation, ſur-tout de ces êtres charmans ſans leſquels l'éclat n'eſt rien, & par qui l'obſcurité même eſt heureuſe, des goûts vifs, une ſenſibilité extrême, ne me permirent pas de laiſſer mûrir dans la ſolitude du Cabinet les foibles diſpoſitions que peut-être avois-je reçues de la nature. Tous les tourbillons de la Société m'emportèrent à la fois, &, ce qui m'y étonna davantage, ce fut d'y rencontrer les Oracles du ſiècle, ces Reſtaurateurs de la morale, de la légiſlation, ces hommes impoſans que je croyois occupés profondément & en ſilence du progrès des lumières, de la perfection de l'eſprit humain & du bonheur du monde.

Prévenu par leur célèbrité, j'attachai ſur eux mes regards & mes réflexions. Je m'attendois à trouver de l'indulgence, des eſprits lians, communicatifs; je croyois bonnement le faſte pédanteſque incompatible avec l'étude de la ſageſſe; je cherchois toujours des hommes aſſez éclairés pour avoir l'orgueil d'être utiles; je ne trouvois que des Pédagogues maniérés, des Raiſonneurs métaphiſiques, des Enthouſiaſtes qui ne m'échauffoient pas. J'étois dans l'âge dangereux où l'on rit. Je profitai de mes droits, & j'eus le malheur de plaiſanter mes Juges. J'étois loin de prévoir tout ce qui pouvoit en réſulter de fâcheux pour moi: j'ignorois l'importance des Livres bons ou mauvais. Je ne ſoupçonnois pas l'influence que pouvoient avoir ſur ma vie ceux qui font de la profe rimée ou non rimée. J'ignorois enfin que de nos jours on ne pardonne pas quand on eft dans les bons principes... & il étoit trop jufte qu'on fît de moi un exemple éclatant pour m'apprendre à ne rien favoir de tout cela. Dès mes premiers pas ma carrière fut bornée. On m'affigna une limite. Je fus évalué, profcrit, défavoué par les puiffances littéraires, & tous les jours je voyois naître autour de moi une foule de grands Hommes, qu'elles créoient comme par magie, & qui éclipfoient encore mon exiftence imperceptible. Trop confiant pour craindre, trop décidé pour fléchir, je continuai de parler & d'écrire avec cette franchife, qu'affermiffoit en moi le mépris de toute prétention, & cette indépendance que j'avois puifée dans ma première école.

Voilà, Madame, l'origine exacte de mes difgraces. Voilà pourquoi je fuis fi peu de chofe pour ces Sociétés fublimes, où nos Adeptes par excellence rafinent l'éloge & le blâme, calculent les degrés d'enthoufiafme, & confomment, fi j'ofe le dire, le grand œuvre des réputations.

Il eft faux, comme d'abord on a voulu le

faire croire, que M. de Voltaire ait eu part à tout cela ; mais il eſt très-vrai qu'on a cherché vainement à l'indiſpoſer, & même à l'armer contre moi. Vous verrez, Madame, par une de ſes Lettres que je vais mettre ſous vos yeux, ainſi que par ma réponſe, combien il étoit loin de ſonger à m'affliger, & combien je l'étois de vouloir lui déplaire.

Copie d'une Lettre de M. DE *VOLTAIRE.*

à Ferney, le 8 Janvier 1767.

M.

A LA réception de la Lettre dont vous m'avez honoré, j'ai dit comme St. Auguſtin : *ô felix culpa* ! Sans cette petite échappée dont vous vous accuſez ſi galamment, je n'aurois point eu votre Lettre qui m'a fait plus de plaiſir que l'Avis aux deux prétendus Sages ne m'a pu cauſer de peine. Votre plume eſt comme la lance d'Achille, qui guériſſoit les bleſſures qu'elle faiſoit.

Le Cardinal de *** étant jeune, en arrivant à Paris, commença par faire des Vers contre moi, ſelon l'uſage, & finit par me favoriſer d'une bienveillance qui ne s'eſt jamais démentie. Vous me faites espérer les mêmes bontés de vous pour le peu de tems qui me reste à vivre ; & je crie, *ô felix culpa*, à tue-tête.

J'ai déjà lu, M. votre charmant Poëme sur *la Déclamation* ; il est plein de Vers heureux, & de peintures vraies. Je me suis toujours étonné qu'un art qui paroît si naturel, fut si difficile. Il y a ce me semble, dans Paris, beaucoup plus de jeunes gens capables de faire des Tragédies dignes d'être jouées, qu'il n'y a d'Acteurs pour les jouer. J'en cherche la raison, & je ne sais si elle n'est pas dans la ridicule infâmie que des *Welches* ont attachée à réciter ce qu'il est glorieux de faire. Cette contradiction Welche doit révolter tous les vrais François. Cette vérité me semble mériter que vous la fassiez valoir dans une seconde édition de votre Poëme.

Je ne peux vous dire à quel point j'ai été touché de tout ce que vous avez bien voulu m'écrire, j'ai l'honneur d'être, avec tous les sentimens que méritent la candeur de votre ame & .... *

---

* Je supprime des éloges que je ne mérite pas.

RÉPONSE.

Paris, le 12 Janvier 1767.

M.

C'EST à moi de m'écrier cent fois avec le pêcheur & pénitent St. Augustin, *ô felix culpa* ! Ma faute assurément est une faute heureuse, puisqu'elle me procure une occasion de vous ouvrir mon cœur & de connoître le vôtre. Vous voulez donc bien me pardonner comme vous pardonnâtes autrefois au jeune Abbé devenu Ministre depuis, & l'un des Princes de notre sainte Eglise. Excepté le tort qui nous est commun, je voudrois lui ressembler en tout : j'aurois pour moi, les graces, la Cour de Rome, & votre amitié.

Oui, M. je n'aspire qu'au moment de jouir à Ferney, de votre entretien, de vos lumières, & de cette gaîté philosophique qui fait penser, en même tems qu'elle amuse. C'est là, si vous le permettez, que j'irai vous faire sceller mon pardon, & réclamer votre bienveillance, dont j'espère jouir encore longtems quoi que vous disiez. Je suis affligé quand je songe que la Providence a mesuré une carrière aussi brillante que la vôtre, & qui devroit être sans bornes, comme le Génie qui la parcourt :

A suivre un dangereux talent,
Je ne sais trop quel charme nous invite.

Dans cette carrière maudite,
Le tems où l'on sème est trop lent,
Les jours de la moisson, hélas ! passent trop vîte.

Les vôtres, seront, j'ose vous le prédire, longs, heureux, & paisibles. Vous aurez, en dépit de vous, cette ressemblance avec les Patriarches.

Je suis, on ne peut pas plus, flatté de la complaisance que vous avez eue de lire ma Production didactique. Je ne crois pas ce Poëme plus utile aux Acteurs, que ne l'est aux Poëtes *l'Art Poétique* de Boileau : mais j'ai satisfait mon goût, je me suis occupé d'un art que j'aime, j'ai obtenu votre suffrage : je dois être fier de mon travail.

Vous me conseillez donc, M. de m'élever, dans une autre Edition, contre cette flétrissure ridicule que l'inconséquence des Welches attache à un Art qui fait leur gloire & leurs plaisirs. Je crains fort que ce ne soit du tems perdu. Ces maudits Welches, sont, sans doute, incurables, puisque vous n'avez pu les guérir. N'importe, je ferai de mon mieux : il est toujours bon de dire la vérité. Heureux ! si vous vouliez m'apprendre à l'embellir, sur-tout à la faire aimer ! Je suis, &c.

Rien de ce qui regarde M. de Voltaire ne peut demeurer obscur. Notre correspondance transpira, &, dans le monde, on traita de réconciliation, ce qui n'étoit qu'une honnêteté réciproque. Mais comme cette soi-disant *Réconciliation* effrayoit la belle ame de mes doux Antagonistes, on chercha des moyens

moyens innocens pour lui donner à mes yeux les caractères de la perfidie, en conséquence on fabriqua contre moi une épigramme bien lourde, bien injurieuse, bien littéraire, & l'on ne manqua pas de l'attribuer à l'homme même avec qui je venois d'avoir l'explication la plus franche & la moins équivoque. Il m'envoya ce désaveu.

Lettre de M. DE *VOLTAIRE.*

à Ferney, le 4 Mars 1767.

M.

VOTRE Muse fait ce qu'elle veut. Je la remercie d'avoir voulu quelque chose en ma faveur, quoiqu'il y ait encore un coup de patte. Je vous jure sur mon honneur, que je n'ai aucune connoissance des Vers qu'on a faits contre vous. Je suis uniquement occupé de l'affaire des *Sirven*, dont vous avez peut-être entendu parler. Ce nouveau procès de parricide va être jugé au Conseil du Roi : il m'intéresse beaucoup plus que les *Scythes*, dont je ne fais aucun cas ; je n'avois destiné cet Ouvrage qu'à mon petit Théâtre ; mais on imprime tout. On a imprimé ce petit amusement de campagne : les Comédiens se répentiront probablement d'avoir voulu le jouer. C'eſt une eſpèce de Payſanne, pendant trois Actes entiers; c'eſt une fille d'un petit Canton Suiſſe qui épouſe un Suiſſe & un petit-Maître François tue ſon mari. Je ne connois point de Pièce plus hazardée : c'eſt une eſpèce de gageure; & je gage contre qui voudra contre le ſuccès : mais on peut faire une mauvaiſe Pièce de Théâtre & ambitionner votre amitié. Je vous ſupplie, M. de compter ſur les ſentimens très-ſincères de votre, &c.

D'après cette Lettre, il eſt bien évident, Madame, que l'Auteur des méchants Vers, dont c'eſt trop vous entretenir, ne s'eſt ſervi d'un grand nom que pour faire proſpérer ſa noirceur, & ſe mettre à l'abri des petits inconvéniens attachés à ces ſortes de Poéſies. Je n'ai garde de ſoupçonner perſonne; mais, que ſait-on? peut-être, à la faveur du ſecret, l'intéreſſant Anonyme jouit-il dans la Société d'une exiſtence brillante. Peut-être le félicite-t-on tous les jours ſur l'aménité de ſes mœurs, & la pureté de ſes intentions. Peut-être, eſſentiellement occupé des *grands objets*, dévoré par l'amour de l'humanité *priſe en maſſe*, dédaigne-t-il de s'abaiſſer au détail des procédés & des ſimples vertus ſociales; peut-être enfin, *claſſé à part*, marqué du ſceau du génie, eſt-il reçu parmi ces Littérateurs auguſtes qui appellent union fraternelle la confédération des amours-propres ; qui ſe croient tolérans, parce qu'ils font des phraſes ſur la tolérance, & ſe figurent qu'ils ſont utiles, parce qu'ils perſécutent irrémiſſiblement tout ce qui ne penſe pas comme eux. Non, Madame, je ne voudrois pas jurer que mon faiſeur d'Epigrammes ne fut un perſonnage preſqu'important. Quoi qu'il en ſoit, je l'abandonne à la peine d'avoir été ſans fruit méchant & lâche. Il s'eſt jugé lui-même, en, ne ſe nommant pas, & puiſqu'il ſe cache... il eſt puni.

Je n'ai appuyé ſur ces circonſtances, que pour vous faire ſuivre la marche des gens qui s'appliquent à traverſer la mienne, & pour vous développer les menées ſourdes, dont ils ſont ou les Artiſans très-actifs, ou les très-prudens Inſtigateurs.

Vous m'écriviez, il y a quelque tems, qu'ils me reprochoient de ne pas ſentir aſſez vivement le mérite de nos Ecrivains diſtingués. Il eſt certain que je ne ſuis pas le Panégyriſte de tous ces Ouvrages fameux, qui ſemblent autant de défis contre le bon ſens, le naturel, l'éloquence & la clarté : mais quelle occaſion ai-je laiſſé échapper de vanter avec tranſport les belles Tragédies de notre Sophocle, ſes Romans, ſes Pièces fugitives, qui laiſſent ſi loin derrière lui les Chapelle & les Chaulieu, l'admirable verſification de la Henriade, la gaîté originale de la Pucelle, cette foule de chef-d'œuvres qui tiennent lieu à la France dans un ſeul homme, des différens génies dont les autres Nations s'enorgueilliſſent. Quand m'eſt-il arrivé de prononcer froidement les noms chers & reſpectés de l'éloquent Auteur d'Emile, du Peintre magnifique qui joint à la vaſte ordonnance de Pline, le coloris brillant de Lucrèce, de ce Littérateur à qui nous devons la touchante Didon, des Odes ſublimes, des Diſſertations auſſi ſolides qu'intéreſſantes; de ce Savant aimable, qui répand ſur la diſcuſſion la chaleur du génie, & dont la converſation même eſt une poétique inſtructive pour ceux qui ſavent l'écouter. N'ai-je pas rendu vingt fois juſtice à ce Rival de l'Albane, qui le premier & le ſeul orna notre Scène d'une foule de Miniatures immortelles, & qui n'a rien écrit que n'aient inſpiré le goût, les graces & la raiſon;

à cet inimitable Ecrivain, qui dans la Comédie du Méchant a prouvé que notre langue que l'on croyoit fixée, étoit encore susceptible de tours nouveaux, & de nouvelles délicatesses; à cet Orateur plein d'énergie, de hardiesse & de courage, qui, en peignant Descartes, s'est élevé à la hauteur de son modèle, à ce Philosophe vrai, qui, apportant la lumière dans les ténèbres de la Métaphysique, sçut nous ouvrir le sanctuaire des connoissances humaines; enfin, à ce Solon de nos jours, qui dépouille la politique de ses finesses meurtrières, pour la ramener aux principes éternels de la droiture & de la bienfaisance, & qui nous a donné sur les négociations un Livre qu'un grand Ministre appelloit le Bréviaire des Hommes d'Etat.

Quand les *fausses infidélités* parurent, qui plus que moi, applaudit à leur ingénieux Auteur? Quand M. le Mierre donna son Poëme sur *la Peinture*, Ouvrage plein de verve, de chaleur, & de Vers qui sont restés, qui, plus que moi, le défendit contre l'injustice? Combien de fois, Madame, m'avez-vous entendu parler avec enthousiasme du talent enchanteur de M. Colardeau! combien de fois n'ai-je pas ſoutenu avec le plaiſir le plus vrai, qu'après Racine & M. de Voltaire, il étoit de tous nos Poëtes, celui qui avoit mis le plus de charme, le plus d'élégance, de ſenſibilité, de grace & d'intérêt dans ſa verſification. Ses Admirateurs (ſoi-diſans Bénévoles) ont voulu le faire paſſer pour un ſimple Traducteur : mais, il eſt loin d'en être réduit à ce mérite, ſi oppoſé au libre eſſor qui diſtingue le véritable Poëte. Il n'a rien écrit qui annonce la ſervitude. Quand il lui a plu d'imiter, la copie conſerve alors l'eſprit, le feu, l'ame de l'Original. Je l'ai dit, parce que je l'ai penſé. J'ai toujours ſçu louer avec franchiſe & ſans aucun retour ſur moi-même, ce qui m'a vivement frappé dans les autres. J'ai connu l'émulation, jamais la jalouſie. Que je le plains, l'être infortuné qu'importunent les ſuccès d'autrui ! Périſſe en moi le malheureux talent d'écrire, avant que, même dans un revers, je m'abaiſſe aſſez pour envier le triomphe de mes Rivaux !

Telles ſont, Madame, les idées ſi ſouvent répandues dans nos entretiens, tant de fois confirmées par mes actions. N'importe. Interrogez nos Sages ; ils me peindront toujours comme le plus ſuperficiel, & le plus frivole des hommes. Je n'ai de réponſe que ma conduite.

Depuis que je cultive les Lettres, ma frivolité prétendue ne s'eſt laiſſée corrompre ni par le fanatiſme des Sectes, ni par le ſuccès des opinions nouvelles, ni par l'appas de cette vogue ſéduiſante qui ſuit toujours les partis prédominans : ma frivolité, contente de la bienveillance publique, n'a brigué aucune de ces récompenſes littéraires, qui ceſſent d'être flatteuſes, dès qu'on les ſollicite ; ma frivolité a pratiqué tout ce qui eſt honnête, a reſpecté tout ce qui eſt reſpectable ; elle ne m'a point empêché de conſerver d'anciens amis, & d'en acquérir de nouveaux, qui éléveront toujours la voix, quand on attaquera mes ſentimens ; ma frivolité a donné l'exemple d'une ſincérité courageuſe, dans les momens où je ne ſais quel démon ennemi ſembloit avoir déchaîné l'adulation : enfin ma frivolité n'a jamais pu détruire, ni même affoiblir en moi ces principes inaltérables, que dans certains ſiècles on a quelque peine à pardonner.

Je ne vous ouvre ici mon cœur tout entier, que parce qu'on a voulu le rendre ſuſpect, &

je ſouhaite que nos Sages, nos Législateurs, nos Moraliſtes, nos Ariſtarques, nos grands Hommes, qu'enfin les Précepteurs du monde, déploient, ſoit en agiſſant, ſoit en écrivant, une honnêteté plus franche, plus d'amour pour la vérité, de mépris pour la fortune, de zèle pour l'amitié, ſur-tout plus d'horreur pour toute eſpèce d'inquiſition, qui me paroîtroit d'autant plus coupable qu'au centre des lumières elle marcheroit un bandeau ſur les yeux, & d'autant plus dangereuſe, que, ſecouant d'une main le flambeau de la haine, elle tiendroit, de l'autre, le maſque de l'humanité.

C'eſt d'après tout cela, Madame, que j'ai ſi ſouvent accuſé l'Etoile qui m'a pouſſé dans une arêne, où les écarts de l'eſprit pourroient nuire à la longue aux qualités du cœur; où les ſuccès mêmes attriſtent, où certains Athlètes déshonorent le prix qu'ils diſputent, ne cueillent que des lauriers flétris, n'arrachent qu'une célébrité dégradante, & deſcendent dans le tombeau, ſans qu'il s'en échappe un ſeul rayon de gloire qui faſſe ſouvenir qu'ils ont vécu.

Heureuſe la carrière où l'on pourroit ſe

dire ! « Mon exiſtence ne peſe à perſonne, » mon nom ne réveille que des ſentimens » doux. Si j'obtiens quelque bonheur, il ne » fera point couler de larmes : il ne ſera point » le ſignal de l'inimitié ».

Ces vœux, bien ſincères de ma part, ſont hélas ! bien chimériques. Mais je puis au moins répondre de moi. Je ne hais point ceux qui m'ont nui. Pourquoi hairois-je ceux qui me nuiront ? Je ne ſentirai avec amertume que le regret de ne pouvoir leur être utile.

Pardon, Madame, mille fois pardon, ſi je vous ai ennuyée de ces complaintes. Je le répète ; il m'étoit important de me juſtifier à vos yeux des reproches dont on m'accabloit. Après pluſieurs années de patience, il n'eſt pas étonnant qu'elle ſe laſſe ; &, ſi je me ſuis permis quelques traits durs & paſſionnés, je les déſavoue avec autant de joie que peut-être il m'en a coûté d'efforts pour les écrire. Ce n'eſt que par la douceur & la modération qu'on peut prétendre à votre eſtime. Je mets mon orgueil à la mériter. Eh ! qui ſait, mieux que moi, combien votre ame eſt belle ! Puiſſe un rayon de cette ame céleſte étinceller dans la mienne, & la garantir des foibleſſes que l'amour-propre ſuggère quelquefois, mais que jamais il n'autoriſe !

Que vous reſſemblez peu à ces Etres factices, à ces Femmes impérieuſes & froides, qui ſe guindent pour être quelque choſe, ſe ſingulariſent pour qu'on les cite, en impoſent par la morgue, au lieu d'attirer par les graces, renoncent aux privilèges de leur Sèxe, pour s'emparer, en quelque ſorte, de tous les travers du nôtre, étouffent la fineſſe de leur tact ſous un cahos d'idées fauſſes & embarraſſées, préfèrent un cercle de connoiſſances à une ſociété d'Amis, l'étalage d'un Théâtre, aux douceurs de l'intimité, & finiſſent par ne retrouver dans leur cœur aucune de ces impreſſions naturelles, de ces affections tendres qui font les délices de tous les âges, & font la ſource de tous les plaiſirs.

Chez vous, l'amour des Lettres n'eſt que l'expreſſion vraie d'une ſenſibilité délicate, non l'aride combinaiſon de la vanité. Vous aimez mieux développer en vous des penchans eſtimables, que de vous répandre hors de vous par des prétentions ridicules. Voilà pourquoi votre goût à tant de juſteſſe. Il ne flotte point au gré des opinions, il n'obéit point à des mouvemens étrangers, il n'eſt point offuſqué par les haines à la mode ; il appartient à votre ame ; il eſt puiſé dans la nature ; en un mot, il reſſemble à vos vertus.

ODES, POËMES,

TRADUCTIONS.

PREMIER LIVRE.

C. P. Marillier del. 1775. *C. S. Gaucher, ex. Acad. Art. Lond. inc.*

LE NOUVEAU REGNE.

ODE A LA NATION.

LIVRE PREMIER.

L'œil sombre & menaçant, quelle horrible Euménide,
Promenant dans les airs son char contagieux,
Des vapeurs du Ténare enveloppe les Cieux !
Cent dards empoisonnés arment sa main livide.
Des funèbres oiseaux la gémissante voix
L'appelle sur les tours du Palais de nos Rois.
Arrête, monstre impur ; n'achève pas ton crime,
Et recule à l'aspect de l'auguste Victime.
Que vois-je, tu descends ! coup affreux ! jour de deuil !
Sous la sanglante faulx LOUIS chancelle & tombe :
Un long & pâle éclair a brillé sur sa tombe,
Elle s'ouvre.... Et le trône a fait place au cercueil.

FRANCE, dans ton malheur vois l'appui qui te reſte.
Sous un autre LOUIS, qu'annoncent les bienfaits,
Les lys vont refleurir à travers les cyprès,
Il va te conſoler d'une perte funeſte.
Dieu, ſoutien des Bourbons, ne l'abandonnez pas!
O barrières du trône, ouvrez-vous ſous ſes pas!...
Il vient; il les franchit... tout-à-coup le tonnerre
Eclate dans la nue, & fait trembler la terre.
Le front ceint de rayons, de feux reſplendiſſants,
Sous le dais du Monarque un phantôme s'avance,
C'eſt ſon Pere!... il lui parle, & le Prince en ſilence
Prête une oreille avide à ſes nobles accents.

« O MON fils, mon cher fils, digne objet de mon zèle,
» Le monarque des Rois, le Dieu de tes ayeux
» Me permet aujourd'hui de paroître à tes yeux.
» Je quitte pour toi ſeul ma demeure immortelle.
» Tu vas régner, frémis: envié par l'orgueil,
» Le rang où tu t'aſſieds n'eſt qu'un ſuperbe écueil.
» Des Syrènes des Cours la rampante ſoupleſſe
» Va de piéges ſans nombre entourer ta jeuneſſe:
» On n'oſera t'inſtruire; on ſaura te flatter.
» Des lâches corrupteurs l'éloquente impoſture
» D'un cœur ami du bien peut tromper la droiture.
» Tremble..& connois le trône avant que d'y monter.

» AU-DESSUS est la foudre, au bas est un abîme.
» Le Mensonge y répand une profonde nuit.
» L'Erreur vient s'y placer ; la volupté la suit.
» A leurs profanes yeux tout paroît légitime.
» De l'importun devoir le nonchalant oubli
» Endort au milieu d'eux le Monarque avili.
» Ferme, ferme l'oreille à leurs accents perfides.
» Accueille les vertus quelquefois trop timides.
» Le dernier citoyen n'est point à dédaigner.
» On révère les loix que l'équité dispense ;
» La politique habile affermit la puissance :
» Mais l'humanité seule apprend à bien régner.

» AH ! laisse tes Sujets t'aborder sans allarmes,
» T'offrir dans leurs regards, qui se tournent vers toi,
» Les gages si touchans de la bonté d'un Roi,
» Te montrer leur ivresse, ou t'apporter leurs larmes.
» Au comble des honneurs, objets d'un vain desir,
» L'ame soupire encore & demande un plaisir.
» Elle veut un bonheur plus pur & plus durable.
» Il n'en est qu'un, mon fils, qui soit inépuisable ;
» C'est d'éloigner la crainte & d'inspirer l'amour.
» Sois gardé par lui seul, jouis de son délire ;
» Qu'une foule d'heureux, vrai soutien d'un Empire,
» Soit un luxe nouveau réservé pour ta Cour !

» INTERROGE ſur-tout ces Vieillards reſpectables,
» Dont la ſageſſe active a médité les loix,
» Connu les vœux du Peuple & les fautes des Rois,
» Et des événemens les leçons redoutables.
» La vérité leur plaît, & ſon flambeau ſacré
» Dans leurs paiſibles cœurs porte un jour épuré.
» L'ambition chez eux, ſatisfaite ou trompée,
» Témoin de l'art des Cours, n'en eſt plus occupée.
» Leurs conſeils t'aideront à régir les humains,
» Et, marquant les écueils, leur utile génie
» Lancera ſur les flots d'une mer applanie
» Le vaiſſeau de l'Etat, dirigé par tes mains.

» LOIN de toi ces mortels, dont l'inſolente audace
» A monté par la brigue au faîte des honneurs.
» Pour couvrir leur néant, il leur faut des grandeurs.
» L'or public s'amoncelle & tarit ſur leur trace.
» Leur ſublime talent n'eſt que l'art d'intriguer;
» Leur ſeule politique eſt de tout prodiguer.
» De ſpécieux dehors couvrent leurs injuſtices.
» Achetant des amis, ils n'ont que des complices.
» Ils engloutiſſent tout par un trafic honteux.
» Souvent même leurs mains, par de lâches adreſſes,
» Détournent de Cérès les ſolides richeſſes,
» Et la fertilité diſparoît devant eux.

» De leur joug tyrannique affranchis la Nature.
» De l'Art qui la féconde assure les progrès.
» Le trésor de l'Etat germe dans les guérêts ;
» Protége le Mortel qui veille à leur culture.
» Quel bonheur, ô mon fils, quel triomphe pour toi,
» Lorsque le Laboureur, sans trouble & sans effroi,
» Chérissant de ses jours l'heureuse destinée,
» Recueillera sa part des tributs de l'année !
» Quand les plus durs travaux lui paroîtront un jeu ;
» Lorsqu'entouré d'enfans, appuis de sa vieillesse,
» A l'aspect des moissons, ses hymnes d'allégresse
» Béniront à la fois son Monarque & son Dieu !

» Ce Dieu te voit, te suit, & te sera propice.
» Pour affermir ton trône, affermis ses autels.
» Comptable devant lui du bonheur des Mortels,
» Tu leur dois les secours de ta main protectrice.
» De l'Empire François ramène les beaux jours ;
» Que les Arts consolés y fleurissent toujours.
» Ranime le pinceau des modernes Apelles ;
» Sur ces bords embellis retiens nos Praxitelles.
» Distingue tout écrit, noble & simple à la fois,
» Dont la morale est pure, où la Philosophie,
» Posant une barriere aux écarts du Génie,
» Plaide pour les Sujets, sans insulter aux Rois.

» Fonde des monumens vainqueurs de tous les âges;
» Ennoblis le présent & soumets l'avenir.
» Que ton nom, reproduit dans un long souvenir,
» Soit adoré du Peuple & respecté des Sages!
» Egaux en expirant, le Prince & le Sujet
» Ne sauvent de la mort que le bien qu'ils ont fait.
» Il reste à l'univers, il vit dans la mémoire,
» Et leur trépas alors est le sceau de leur gloire.
» Pénètre-toi, mon fils, de cette vérité;
» Agis, sois vertueux, plains ces tristes Monarques,
» Qui, morts, & dépouillés de leurs frivoles marques,
» Ne laissent que leur cendre à la Postérité ».

L'ombre fuit à ces mots, &, traçant après elle
D'un météore ardent le sillon lumineux,
Elle s'envole & monte au séjour des heureux,
Où les Rois ont leur juge, où son Dieu la rappelle.
Avec le saint effroi d'un cœur religieux,
Le Monarque s'incline en invoquant les Cieux.
« Arbitre Souverain, qui m'élevez au trône,
» Apprenez-moi, dit-il, à porter la Couronne.
» Dirigez mon esprit, fortifiez mon cœur,
» Gravez-y les conseils que m'a donnés mon père;
» Détachez de son front un rayon qui m'éclaire,
» Et qu'un Peuple chéri me doive son bonheur!

O MON Maître, ô mon Roi, déjà le Ciel t'écoute
Il échauffe ton ame, il remplira tes vœux ;
Sur les dangers du trône il ouvrira tes yeux,
Et l'Ange de l'Empire applanira ta route.
Ce ſceptre ſi peſant, objet de tes frayeurs,
Ton auguſte Moitié l'entrelace de fleurs.
Ah ! combien ſes vertus parent le diadême !
On reſpecte le rang ; c'eſt la bonté qu'on aime.
La bienfaiſance en elle eſt unie aux attraits.
Elle eſt de ſes Etats l'ornement & l'exemple.
Couple heureux & ſacré, que l'univers contemple,
Vous allez partager les cœurs de vos Sujets.

VOYEZ-LES accourir, chercher votre préſence,
Vous exprimer leurs vœux par leurs cris éloquens ;
Voyez tous les tréſors des vergers & des champs,
Que dépoſe à vos pieds la prodigue Abondance.
Les mères à l'envi, s'empreſſant ſur vos pas,
Vous montrent à leurs fils ſuſpendus dans leurs bras.
Les Vieillards, qu'intéreſſe un règne à ſon aurore,
Vous préſentent des fronts que la gaîté colore.
A votre aſpect touchant le peuple s'attendrit ;
Près de vous il ignore une crainte importune.
Le bienfaiſant eſpoir adoucit l'infortune,
Et ſous ſes humbles toits la Pauvreté ſourit.

Pour moi, plein de respect & d'amour & de zèle ;
Moi, que de vils accents n'ont point déshonoré,
Fier d'un foible talent qui vous fut consacré,
Je vous offre en tribut un cœur pur & fidèle.
Je ne briguai jamais la volage faveur.
Cultivant loin des Cours un art consolateur,
D'un empire naissant je chante les prémices.
J'adore des vertus qui feront nos délices.
Du bonheur de l'Etat sçachant faire le mien,
A ses jeunes appuis j'adresse un libre hommage,
Et je mourrois heureux, en contemplant l'image
D'une Reine sensible & d'un Roi citoyen.

L'EMPIRE DES PRÉJUGÉS.

ODE.

QUE la raiſon de l'homme, incertaine & tardive,
S'affranchit lentement du joug qui la captive !
L'Erreur à chaque inſtant prompte à nous égarer,
Abjure l'art qui ſert pour celui qui peut nuire,
Et les foibles mortels, hardis pour ſe détruire,
Tremblent de s'éclairer.

FAUT-IL forger l'acier en glaive parricide,
De l'airain bouillonnant faire un tube homicide,
Servir ces Deſtructeurs, qu'ils nomment des Héros ?
Aveugles inſtrumens, déjà leurs mains ſont prêtes ;
Ils aiguiſent le fer qui fait tomber leurs têtes
Aux pieds de leurs Bourreaux.

Mais, s'il faut ou combattre ou fléchir l'injuſtice,
Prévenir un malheur, déraciner un vice,
Eclaircir des abus le chaos ténébreux :
La coutume arrogante, ou la crainte infidelle
Repouſſe, en frémiſſant, la lumiere nouvelle,
Qui nous rendroit heureux.

Sur le temps appuyée, en vain l'Expérience
Oſe des droits de l'homme embraſſer la défenſe :
Que peut un Sage, hélas ! contre mille impoſteurs ?
Sous la garde des loix le préjugé circule :
On atteſte le Ciel, & la Terre crédule
Punit ſes Bienfaiteurs.

Combien d'infortunés, qu'aujourd'hui l'on encenſe,
Ont baigné de leur ſang l'autel de l'Ignorance !
Que n'eut point à ſouffrir l'auguſte Vérité ?
Le poiſon, les poignards ſont dirigés contr'elle :
A ſes concitoyens Socrate la révèle ;
Il meurt perſécuté.

DESCARTES prouve un Dieu : ſoudain le Fanatiſme
Vient, la torche à la main, l'accuſer d'athéiſme.
De l'axe du Soleil démontrant le repos,
Le fameux Galilée eſt déclaré coupable,
Et l'on couvre d'affronts un vieillard vénérable,
Blanchi dans les travaux !

O MALHEUREUX Humains ? l'habitude indocile
Punira donc toujours le deſir d'être utile !
Eh ! ne voyons-nous pas cent détracteurs ingrats
Contre un Art bienfaiſant s'armer avec furie
Pour ce monſtre hideux qui, né dans l'Arabie,
Vint ſouiller nos climats ?

DANS ſa première fleur il flétrit la Jeuneſſe ;
Il moiſſonne l'Enfance, il atteint la Vieilleſſe ;
Il n'épargne beautés, vertus, âges, ni rangs :
De ſes poiſons ſubtils la rapide influence
Corrompt la terre & l'air, le toît de l'Indigence,
Et les lambris des Grands.

On l'a vu, j'en frémis, interrompant nos Fêtes,
S'élancer tout-à-coup ſur les plus nobles Têtes,
Dans le même cercueil les plonger à la fois;
Joindre au plus tendre Epoux ſon Epouſe chérie,
Et ravir à l'amour, aux vœux de la Patrie
Les Enfans de nos Rois.

N'importe, il peut frapper, entaſſer ſes Victimes,
Et combler de la Mort les dévorans abîmes.
Cette terre plaintive eſt vouée aux fléaux,
Et, d'un bras inflexible écartant notre égide,
Pour nous dicter ſes loix, l'Opinion ſtupide
S'aſſied ſur des tombeaux.

Monarques, c'eſt à vous de renverſer l'Idole.
La plainte des Sujets n'eſt qu'une arme frivole;
Le Peuple en vain gémit ſous le joug abattu:
Mais l'exemple peut tout lorſqu'un Prince le donne;
Les Rois forment nos mœurs; tout émane du Trône,
Le vice & la vertu.

AH ! la vertu renaît : nos progrès vont éclore.
Ils luiront ces beaux jours dont j'apperçois l'aurore.
Le pouvoir moins aveugle en sera plus sacré.
Je vois fuir les erreurs qu'adoptoient nos Ancêtres,
Et l'Univers plus libre aimera mieux ses Maîtres
Qui l'auront éclairé.

FLAMBEAU de la Raison, organe du Génie,
Console nos climats, douce Philosophie,
Qu'osent déshonorer de barbares crayons !
De tes faux Sectateurs chasse la foule obscure,
Fais chérir les Vertus, & poursuis l'Imposture,
Du feu de tes rayons !

DÈS que tu règneras, une crainte servile
Ne dégradera plus le citoyen utile.
Les Rois se livreront à des conseils plus vrais ;
Et leur autorité, plus sage & plus solide,
Ne sacrifiera point au préjugé timide
Le bonheur des Sujets.

DES PHIDIAS alors les ciſeaux énergiques
De Buſtes révérés orneront nos Portiques.
Le bronze nous rendra les traits de la Bonté ;
Et les Arts réunis pour embellir la France
Dreſſeront deux Autels, l'un à la TOLÉRANCE,
L'autre à la VÉRITÉ.

L'HARMONIE.

L'HARMONIE.

ODE,

IMITÉE DE DRYDEN.

Sous un pavillon d'or, Alexandre vainqueur ;
Dans une Fête magnifique,
Déployant des plaiſirs la pompe pacifique,
Aux charmes du repos abandonnoit ſon cœur.
Le Héros tel qu'un Dieu raïonne.
Des fleurs & des lauriers compoſent ſa Couronne ;
Les Vaincus cherchent ſon appui,
Son front annonce la clémence,
Et ſes Courtiſans en ſilence
Se ſont rangés autour de lui.

Au milieu des parfums & des préſents de Flore ;
Brillante de ſa gloire, aſſiſe à ſes côtés,
Thaïs eſt ſemblable à l'Aurore,
Quand de ſon doux éclat l'horizon ſe décore ;
Et reçoit la lumière à flots précipités.

L'ŒIL étincelant du délire
Qui presse & tourmente son sein,
Timothée a touché la lyre,
Tout ressent son pouvoir divin.
Il s'agite, il menace, il tonne.
Le chœur des Muses l'environne
Dans un muet recueillement.
Sa cadence lente ou pressée,
Devient l'écho de la pensée,
Ou l'organe du sentiment.

DANS ses premiers accords il peint l'amant d'Alcmène,
Dont sur les vastes cieux le regard se promène.
Tantôt il est armé de ses carreaux brûlants;
Il vole, soutenu sur son aigle intrépide;
Et tantôt, d'une Nymphe adorateur timide,
Il fait taire autour d'elle & la foudre & les vents.

Sous la pourpre & l'or mobile
D'un serpent audacieux *,
Il lève une tête agile;
L'éclair brille dans ses yeux.

---

* Olympias, mère d'Alexandre, fut aimée de Jupiter sous la forme d'un serpent.

Mais déjà dans le ſein de la Beauté qu'il aime,
L'Immortel a gravé l'image de lui-même.
Ainſi le Chantre ému célébroit leurs tranſports;
Il conſacroit du Dieu les ardeurs renaiſſantes,
Et par de longs éclats les voûtes frémiſſantes
Répétoient ſes accords.

LA CYMBALE ſonne,
Le pampre verdit,
Le hautbois réſonne.
Autour d'une tonne
Où le vin bouillonne;
L'Egypan bondit.

LE TYGRE infidèle;
En leſſes de fleurs,
A pour conducteurs,
Les Amours trompeurs;
Dont le pas chancelle,
Parmi les vapeurs
Du Fils de Sémèle.

S'ARMANT de flambeaux,
La folle Bacchante,
Agile & bruyante
Deſcend des côteaux.

HUMIDES d'ivreſſe
Ses yeux tour-à-tour
Peignent l'allégreſſe,
Le trouble & l'amour.

LE brûlant Satyre,
Qui bientôt l'atteint,
Enflamme ſon teint
Du feu qui l'inſpire.
Leurs cris confondus
Font trembler la plaine ;
Tous deux hors d'haleine
Tombent éperdus
Aux pieds de Silène,
Bégayant à peine
Une Hymne à Bacchus.

O PUISSANCE de l'harmonie !
C'eſt lui-même ; il paroît : c'eſt EVAN plus ſerein.
L'Amour naît de ſes jeux ; la joie eſt ſon génie,
La coupe des plaiſirs étincelle en ſa main.
Erigone s'y déſaltère ;
Elle y boit le nectar des Dieux,
Et le feſton du même lierre
Au fond du même char les enchaîne tous deux.

QU'ENTENDS-JE ? Tout-à-coup le divin Timothée
Exhalant avec art les ſons de la terreur,
Du Dieu des Conquérans exprime la fureur.
Il le peint triomphant du rebelle Penthée ;
Imprimant une ſainte horreur
A la Nature épouvantée,
Aux rives de l'Indus plantant ſes étendards,
Oſant ſuivre de Mars les fougues imprudentes,
Et pouſſant, l'œil en feu, ſes panthères ardentes
Sur les corps palpitans de cent monſtres épars *.

DU HÉROS les regards s'allument ;
Il entend hennir les courſiers ;
D'Arbelle il voit les champs qui fument
Du ſang d'innombrables Guerriers.
Au cri de l'Honneur qui murmure,
Il cherche, il ſaiſit ſon armure,
Se tranſporte aux plaines d'Iſſus ;
Et, dans des tourbillons de poudre,
Il croit encor lancer la foudre
Dont il écraſa les vaincus.

TANDIS que défiant le Ciel, l'Onde & la Terre,
Il s'abandonne aux horreurs de la guerre

* Bacchus combattit les Géans.

Et du carnage dévorant :
Traînant les tons plaintifs d'une lente harmonie,
Le Chantre, par dégrés, désarme la furie
Et la fierté du Conquérant.

Vois Darius sur la poussière
Tristement étendu, respirant à demi ;
Il tombe !... &, pour fermer sa mourante paupière,
Il n'a pas un ami.

Il tombe de ce trône antique,
Elevé jusqu'aux Cieux par l'orgueil des Persans,
Et le sombre écho du Granique
Prolonge de la mort les lugubres accens.

D'un Prince infortuné la famille tremblante
Le redemande en vain par ses cris douloureux,
Et vient envelopper d'une pourpre sanglante
Ses restes malheureux.

Emu par ces accords funèbres,
Son Vainqueur plus infortuné,
Le suit à travers les ténèbres
Dont il se croit environné.

Sur les drapeaux de la Victoire
Il déteſte, il maudit ſa gloire;
Du Sort il déplore les jeux:
On éloigne, on ſouſtrait ſes armes;
Et l'on voit les premières larmes
Couler, malgré lui, de ſes yeux.

A l'Amour la pitié nous mène.
Le nouvel Amphion, d'une ſavante main,
Imite avec plus d'art la voix d'une Sirène,
Invitant à jouir le Héros plus humain.

Grand Prince, conſolons la Terre,
La Volupté t'ouvre les bras:
Je la vois, dans ſes doux combats,
Eteindre, en riant, ton tonnerre.
La Gloire, idole menſongere,
Eſt l'ombre qu'on ne peut ſaiſir;
Et tous les lauriers de la guerre
Ne valent pas un myrte du Plaiſir.

O transport! ô bonheur! le ſuperbe Alexandre,
L'œil ſerein, le cœur enchanté,
Vers la jeune Thaïs jette un regard plus tendre,
Et tombe, en ſoupirant, aux pieds de la Beauté.

De la Beauté qui le careſſe
Il ſavoure à longs traits le charme ſéducteur ;
L'Amant eſt couronné des mains de la Molleſſe,
Il ſemble importuné des palmes du Vainqueur.
Sous des roſes l'Amour cache ce cimeterre,
La terreur du monde allarmé ;
Et le Fils de Philippe, adouci, déſarmé,
Sur le ſein de Thaïs languiſſamment préfère,
A l'orgueil d'être craint, le bonheur d'être aimé.

LES BORDS
DE LA LOIRE.

Ainsi donc, changeant de pinceau,
Ma Muse docile & volage,
Va pour toi de notre voyage
Crayonner le léger tableau :
Ainsi, de l'absence barbare
Je m'adoucirai les rigueurs ;
Et je semerai quelques fleurs
Sur l'espace qui nous sépare.
L'amitié, si tendre & si rare,
Détrempe en riant mes couleurs :
Puissé-je, secondé par elle,
Hériter de l'air familier,
De cette grace naturelle,
Du ton gaîment irrégulier,
Et de la verve de Chapelle,
Que Chaulieu seul fit oublier !
Tout est prêt, nos coursiers hennissent,
L'Aurore annonce un jour brillant,

Et ſur les pavés qui gémiſſent,
La roue étincelle en roulant.
   DÉJA dans notre courſe agile
Nous voyons fuir ces beaux remparts,
Où fleurit ſous un Ciel tranquille,
Ce Peuple aimable, ami des Arts;
Tantôt grave, tantôt futile,
Par cent tourbillons emporté;
Agitant d'une main légère,
Les hochets de la nouveauté;
Frivole & gai par caractère,
Et raiſonneur par vanité.
Déjà l'atmoſphère eſt plus pure,
Et de nos Palais radieux
Nous quittons l'or faſtidieux,
Pour les tréſors de la Nature.
O lieux! ô rivages chéris!
Fleuve enchanté! ſuperbe Loire!
Jamais, jamais tes bords fleuris
Où Cérès, le front ceint d'épis,
Etale ſa pompe & ſa gloire,
Le cours paiſible de tes eaux,
Ces près, ces bois & ces côteaux
Ne ſortiront de ma mémoire!...
   QUELS feux colorent l'horizon!
O Dieux! quelle belle ſoirée!
Du Soleil le dernier rayon,

Jouant ſous la voûte azurée,
Ne peut quitter cette contrée,
Malgré l'ordre de la ſaiſon.
Son or & ſa pourpre mobiles,
Au ſein des flots ſont réfléchis;
La préſence de deux Amis
L'a retenu ſur ces aſyles.
ENFIN ſon diſque éblouiſſant
Gliſſe ſous un autre hémiſphère;
Et Phébé vient en rougiſſant
Nous prêter ſa douce lumière.
Pleins de ces utiles objets,
Offerts par des plaines fécondes,
Qu'arroſent les plus belles ondes,
Où règne une touchante paix,
Nous nous diſions: que ce rivage
Du bonheur nous peint bien l'image!
Ici, rien attriſte les yeux.
O Ciel! dans un ſi court voyage
Aurions-nous trouvé des heureux?
Déployant ſon luxe fertile,
Ce pays, partout habité,
Eſt partout riant & tranquille:
N'eſt-il point encore dévaſté
Par l'avarice de la Ville?
Inſpirés par l'humanité,
Nous chériſſions de ſi doux ſonges;

Au défaut de la vérité,
Il faut embraſſer des menſonges.
Du récit j'obſerve les loix;
Quand on conte il faut aller vîte:
Je ne t'arrête point au gîte,
Et je touche aux remparts de Blois.
Déja s'élève dans la nue
Cet Amphithéâtre vanté,
Qui, par la Loire répété,
Satisfait doublement la vue,
Et s'annonce avec majeſté.
Tu connois ce Châtel antique
Que fit bâtir François Premier;
Mazure bizarre & gothique,
Mais qu'il ne faut point oublier;
Surtout, ſon Concierge fidèle
Mérite bien d'être cité:
C'eſt un Monſieur tout plein de zèle
Et très-civil en vérité.
Bien gravement il vous promène;
Et puis, le voilà plein d'ardeur,
Qui ſoudain, ſans reprendre haleine,
Vous dit tout ſon château par cœur.
Mais, laiſſons-là ſon verbiage:
Qu'avec plaiſir j'ai contemplé
Ce Séjour * reſpecté par l'âge,

* La Salle où ſe tenoient autrefois les Etats.

Où l'on vit jadis aſſemblé
Un vénérable Aréopage !
Dans ce noble aſyle autrefois,
L'altière & vaillante Nobleſſe
Orgueilleuſe de ſes exploits :
Et le Clergé, dont la ſageſſe,
Au nom du Ciel, dicte ſes lois,
Et le Peuple immolé ſans ceſſe,
Peſoient & défendoient leurs droits.
Aujourd'hui, c'eſt dans ce lieu même
Que, le jour penchant vers ſa fin,
Des Bleſoiſes le jeune Eſſaim
Vient rendre hommage au Dieu ſuprême,
Qui tient un flambeau dans ſa main.
L'obſcurité les favoriſe.
Sous ces lambris ſilencieux
Chaque colonne a ſa deviſe,
Ses vers, & ſon chiffre amoureux.
Les Mères en ſont exilées,
On n'entend que tendres ſoupirs :
Et ces voix inarticulées,
Organes confus des plaiſirs.
L'Amour dans les airs s'y balance,
A ces jeux applaudit tout bas ;
Et rit de tenir ſes Etats
Où ſe tenoient ceux de la France.

QUITTANT à regret ce ſéjour,

Enfin nous entrons au Village :
Une aimable & champêtre Cour
Vient nous offrir un ſimple hommage,
Des cœurs purs, des fronts ſans nuage ;
Doux tributs qu'on rend à ſon tour.
Maître Colas, & Maître Pierre,
Bons Auvergnacs, remplis de ſens,
Très-peu verſés dans la Grammaire,
Prononcent leurs lourds complimens,
Bien incultes, bien éloquens,
Bien au-deſſus du fade encens
De la politeſſe ordinaire.
Oui, j'aime mieux ces vrais humains,
Ne ſoignant jamais leur langage,
Que ces diſcoureurs enfantins,
Toujours enchaînés par l'uſage ;
Se paſſionnant ſans chaleur ;
Que rien n'attendrit & ne touche ;
Qui vous diſent avec la bouche
Ce qu'il faut dire avec ſon cœur.

DÉJA le flageolet gothique
A donné le ſignal des jeux ;
Et de l'allégreſſe ruſtique
L'éclat brille dans tous les yeux.
On ſe mêle, on choiſit ſa place ;
Par inſtinct on va s'embraſſer :
Déjà chaque main s'entrelace,

Et le grand rond va commencer.
De cris joyeux le Ciel résonne :
Colinette, pour refuser
Ce que pourtant Lise abandonne,
Attrappe en courant un baiser,
Qu'en riant Mathurin lui donne.
Sans trop songer aux Spectateurs,
On fait faire un saut à Perrette.
Zéphir, qui dans les airs la guette,
L'expose aux regards des railleurs.
Perrette ignore la décence,
Ne sait point qu'il faut se fâcher,
Et croit n'avoir rien à cacher
Parce qu'elle a son innocence.
Plus loin, des grouppes de Buveurs
S'en vont trinquant sur une tonne,
Qu'une branche verte couronne :
Le vin ruisselle sur les fleurs.
Des Vieillards assis sous l'ombrage,
Semblent ranimer leur langueur :
Leur front tout sillonné par l'âge,
Reprend la vie & la couleur.
La joie a passé dans leur âme,
Ils se rappellent leur printemps ;
Et leur œil presqu'éteint s'enflâme
De la gaîté de leurs Enfans.

COMPARONS à ce Bal rustique

L'apprêt de nos Bals fastueux ;
Notre danse soporifique ;
Nos quadrilles si langoureux ;
Et notre ennui si magnifique !...
Et notre effort pour être heureux.
  LOIN des cirques de la folie
Je puise ici des goûts nouveaux.
J'aime la pente des côteaux,
D'où l'œil commande à la prairie,
Où serpentent mille ruisseaux.
Soit que l'Astre du jour achève
Le cours qu'il décrit dans les airs ;
Ou, soit que l'Aurore soulève
Le grand rideau de l'Univers.
Mon ame sans cesse exercée,
Est même active en ses loisirs,
Et, par la volage pensée
J'ai l'art de fixer mes plaisirs.
Dans la retraite solitaire
Le cœur est prompt à s'enflâmer :
A la ville on ne veut que plaire ;
C'est dans les champs qu'on veut aimer.
Après les frivoles tendresses
De nos élégantes beautés,
Ce long commerce de foiblesses,
D'ennuis & d'infidélités.
Combien il est doux pour le Sage

De

De s'envoler dans les forêts,
Et de lutiner les attraits
De quelques Nymphes de Village!
FRAÎCHE rivale du printemps,
Toi, qui n'eus besoin pour me plaire
Ni de beauté, ni d'ornemens,
Garde bien ta candeur si chère,
L'abandon de tes sentimens,
Ta démarche vive & légère,
Tes mœurs, ta grâce & tes sermens.
Aline, sois toujours sincère:
Pour moi, je n'oublierai jamais
Ce jour, où, près d'une bruyère,
J'appris à ma jeune Bergère
De l'amour les premiers secrets.
Dans ton sein couloient quelques larmes
A travers le feu des baisers,
Et déjà tes voiles légers
Cessoient de m'envier tes charmes.
Heureux le Mortel enivré
D'amour, de crainte & d'espérance;
Qui, par ses transports égaré,
Triomphe de la résistance;
Et tremblant, muet, agité,
Après un éloquent silence,
Entend ce cri de volupté....
Dernier soupir de l'innocence!

Bannis ſurtout de vains regrets.
Pour un bien que l'Amour moiſſonne,
Il en eſt mille qu'il nous donne,
Et ſes larcins ſont des bienfaits.
Ce Dieu nous couvre de ſon aîle,
Goûtons un bonheur ignoré ;
Aime-moi bien, ſois-moi fidelle,
Et n'en dis rien à ton Curé.

ÉPITRE A M. GRESSET,

En lui envoyant le Poëme ſuivant.

Toi, qui nous mis dans le ſecret
De l'auguſte ſénat des Grilles,
Qui chantas les ſaintes Vétilles
Et célébras un perroquet :
Souffre près de ſon mauſolée,
Que ta main couronna de fleurs,
Deux oiſeaux qui chez les neuf ſœurs
Sont d'une moins haute volée,
Mais doux, conſtans, & point jaſeurs.
Je l'avouerai; mes tourterelles
Qui, n'ayant vu que mes berceaux,
N'ont jamais ſçu qu'être fidelles,
Doivent reſpecter ton héros,

Grand Voyageur, Amant des Belles,
Plein des tournures naturelles
Qu'il prit jadis ſur les bateaux;
Toujours tapi dans les ruelles,
Et Cavalier dans ſes propos.
Il a l'audace qui ſait plaire:
Scandale ou non, j'aime à le voir,
Mordant l'Abbeſſe ou la Tourriere;
Faiſant voltiger le mouchoir
D'un ſein voilé par le myſtère,
Et troublant le pieux manoir
Par ſon langage militaire:
On roucoule dans ma volière
Lorſque l'on jure à ton parloir.
Mes oiſeaux n'ont rien dans la tête
Que les ſoucis de leur amour;
Or, on ſait que pendant le jour
L'amour tout ſeul eſt un peu bête....
Il eſt même aſſez avéré
Que la None la plus ſauvage,
En dépit du béguin ſacré,
Veut un peu de libertinage
Dans l'oiſeau qu'elle a préféré....
MAIS laiſſons l'oiſeau dans ſa cage.
C'eſt à toi ſeul que je reviens.
O toi, le Dieu des jolis Riens,

Et de l'aimable perſifflage :
Tu nous dois ce piquant tableau
Où, dans les dortoirs ſolitaires,
L'Amour ſe gliſſe incognito
Et vient épier ſes myſtères
Au foible jour de ſon flambeau.
C'eſt là, qu'en dépit des ſcrupules,
Il contemple avec volupté,
Dans le ſilence des Cellules,
Les foibleſſes de la beauté ;
Ce feu qui naît avec les charmes,
Ces ſurpriſes du ſentiment,
Ces langueurs, ces touchantes larmes,
Qu'eſſuieroit la main d'un Amant :
La troupe riante des ſonges
Confiant la guimpe aux deſirs,
Et l'éclair des heureux menſonges,
Et le fantôme des plaiſirs.

Trace-nous ces douces images,
Et moque-toi de tes ſermens ;
Fais encor ſourire les Sages ;
Déſeſpère encor les Pédans.
Malgré les arrêts foudroyans
De ces petits Aréopages,
Où tant d'illuſtres perſonnages
Tiennent le ſceptre des talens,

Protégent les Gouvernemens ;
Et dirigent les griffonnages
De nos Licurgues sémillans :
Ecris toujours des Vers charmans
Pour les Hommes de tous les âges,
Et pour les Nones de vingt ans
Qui liront toujours tes Ouvrages.

LA VOLIÉRE,

POËME ÉROTIQUE.

L'HYVER cessoit d'attrister les campagnes,
L'oiseau quittoit les abris des montagnes,
Et méditoit de nouvelles ardeurs :
L'air exhaloit les plus douces odeurs.
L'œil enflammé, l'amour battant des aîles,
De son flambeau semoit les étincelles,
Régnoit aux Cieux, voltigeoit sur les eaux,
Et, se cachant sous les jeunes rameaux,
Rioit de voir la rêveuse Egérie,
En soupirant errer dans la prairie,
Cueillir des fleurs, &, le sein agité,
Sans le savoir, chercher la volupté.
L'AZUR des Cieux est voilé dans les Villes.
J'abandonnai leurs fastueux asyles,
Et regagnai mes pénates fleuris,
Voisins des lieux habités par Zelmis.

Je n'allois point porter dans ma retraite
D'un cœur flétri la langueur inquiette,
Ces froids dégoûts & ces longs repentirs,
Nés trop souvent de l'abus des plaisirs :
Ivre d'amour, l'ame encor neuve & pure,
J'allois chercher Zelmis & la Nature.
Libre de crainte, exempt d'ambition,
Fuyant des Cours la folle illusion,
Je m'occupois de ces simples ouvrages,
Paisibles soins, premiers travaux des Sages.
Il faut un monde aux vœux d'un Conquérant,
Mais un jardin remplit ceux d'un Amant.
   Sous des Tilleuls qui, mêlant leur feuillage,
Aux feux du jour opposoient leur ombrage,
Une Volière, en ces réduits charmans,
Servoit d'asyle aux Chantres du Printems.
Du sein des fleurs une eau brillante & pure,
En jet rapide y baignoit la verdure.
De toutes parts de nouveaux rejettons
Y déployoient leur feuille & leurs boutons.
On y voyoit la Linotte étourdie,
Allant, venant, toujours vive & hardie,
Et la première à saluer le jour,
Rendre gaîment son hommage à l'amour ;
A ses côtés, le Serin moins volage,
Plus varié dans son docte ramage,

Qui se taisoit pour écouter la voix,
La douce voix de l'Amphion des bois.
Fuyant la foule & les plaisirs vulgaires,
Des Tourtereaux, amans plus solitaires,
Plus recueillis, & surtout plus heureux,
Chantant moins bien, ne s'en aimoient que mieux.
Tendre Nitor, ô Blandulé plus tendre,
Oiseaux plus chers que tous ceux du Méandre!
Leur frais albâtre à peine le céda
Au Cigne heureux qui séduisit Léda.
Peindrois-je bien leurs grâces immortelles,
Leurs pieds de rose, & l'argent de leurs aîles,
Leurs doux soupirs, leur amoureuse ardeur,
Leur beau plumage, aussi pur que leur cœur?
ZELMIS voulut, (ô souvenir que j'aime!)
A mon amour les offrir elle-même;
Et, sous mes yeux, dans leur nid les plaçant,
Par ses regrets ajouter au présent.
Lorsqu'elle ouvrit le docile treillage,
Dieux! quel tableau! quelle riante image!
De mille oiseaux l'essaim vif & léger,
Vint autour d'elle à l'envi voltiger.
A son aspect aucun n'étoit farouche;
Ils becquetoient les roses de sa bouche.
L'un dans sa main se laissoit enchaîner;
L'autre plus fier sembloit la couronner.

Nos deux captifs, pour charmer l'esclavage,
Se renfermoient dans les soins du ménage,
S'entrebaisoient, réchauffoient tour-à-tour
Les fruits naissans de leur fidèle amour.
De la Volière ils étoient le modèle ;
On leur laissoit la branche la plus belle.
Par les attraits & surtout par les mœurs,
De jour en jour ils conquéroient des cœurs ;
On les citoit, & leur constance extrême
En imposoit au Moineau franc lui-même.
Ah ! laissons-les paisiblement jouir
De ce bonheur qui peut s'évanouir.
Tout ici-bas est mêlé d'amertume.
La Rose naît, le Soleil la consume ;
Et les Humains, comme les Tourtereaux,
Dans les plaisirs ont le germe des maux.

Quels doux parfums, & que l'air est tranquille !
Des arbrisseaux la tige est immobile :
Le Ciel est pur, l'aquilon est soumis ;
C'est aujourd'hui la fête de Zelmis.

Plaisirs naissez ! volez Amours !... C'est elle ?
Zelmis paroît, & tout se renouvelle.
Plus orgueilleux, le lys va s'entr'ouvrir :
Tout dans ces lieux l'attendoit pour fleurir.
Ses longs cheveux flottent à l'aventure,
La négligence est sa seule parure ;

Sa robe vole en replis ondoyans ;
Son ſein ſe cache à l'ombre des rubans.
Elle intéreſſe, elle amuſe, elle enchante :
Toujours folâtre, elle eſt toujours décente ;
Elle connoît ce rire précieux,
Qui part du cœur, quand le cœur eſt heureux.
  Mais, voici l'heure où l'aimable Zéphire
De ſon Amante a rafraîchi l'empire,
Et rapporté, ſa corbeille à la main,
Les doux parfums qu'il ravit au matin :
Cherchant l'abri d'un lieu plus ſolitaire,
Zelmis s'échappe & court à la Volière.
Elle y revoit ſes jeunes Tourtereaux
Bien moins heureux, mais toujours auſſi beaux.
Ils ont à peine apperçu leur Maîtreſſe,
Dieux ! qui peindroit leurs tranſports, leur ivreſſe !
En cris de joie ils changent leurs ſoupirs :
Ils quittent tout, leurs nids & leurs plaiſirs.
A ces Amans un fils venoit d'éclore,
Gage chéri qui les unit encore.
Vers ſon berceau rappellés par ſes cris,
Ils ſemblent fiers de l'offrir à Zelmis.
Veillez ſur eux ; gardez bien, me dit-elle,
Ce couple aimable, amoureux & fidelle.
  Dans ce moment tous les autres oiſeaux
Par mille jeux agitoient les rameaux ;

Tout s'attendrit, tout brûle en ces aſyles :
On n'y voit point de cœurs froids & tranquilles;
La jouiſſance eſt un nouvel attrait ;
L'amour renaît de l'amour ſatisfait.
L'affreux dégoût, enfant de la foibleſſe,
N'y corrompt point cette immortelle ivreſſe.
Ce ne ſont point de paſſagers deſirs ;
C'eſt le bonheur fixé par les plaiſirs.
Que de ſoupirs ! que d'ardens ſacrifices !
Que de baiſers, de feux & de délices !
Chaque panier, dans ce ſéjour charmant,
Renferme un Père, ou renferme un Amant.
A CE ſpectacle, où l'inſtinct la repoſe,
Zelmis rougit ſans en ſavoir la cauſe.
Ses yeux, couverts d'une molle vapeur,
Peignent ſon trouble & parlent à mon cœur ;
Sa main ſur moi tombe avec nonchalance ;
Zelmis ſe tait : voluptueux ſilence !
Bien plus ému, ſon ſein dans ce moment,
Reſſemble au lys agité par le vent.
Je ne ſais quoi la retient enchaînée :
De ſon déſordre elle ſemble étonnée,
En le cachant trahit ſon embarras,
Veut fuir, revient, & tombe entres mes bras....
Pardonne, Amour ; Amour, qu'elle étoit belle !
Tu m'enivrois, j'étois ſeul avec elle.

La gaze errante avoit quitté ſon ſein :
Son cœur battoit ſous ma tremblante main.
J'oſai... grands Dieux! pouvois-je m'en défendre?
J'oſai cueillir le baiſer le plus tendre :
Oui, ſur ſa bouche, où reſpirent les fleurs,
J'oſai cueillir les premières faveurs.
Premier baiſer, que vous avez de charmes !
Mais, quelquefois vous coûtez bien des larmes.
Vous arracher, c'eſt vouloir vous ternir ;
Pour vous goûter il faut vous obtenir.
  QU'AI-JE entendu? Précurſeur de l'orage,
Un vent affreux fait gémir le feuillage.
L'Aſtre des nuits dans ſon cours emporté,
Ne verſe plus qu'une pâle clarté ;
La foudre gronde, &, déchirant la nue,
Me laiſſe voir une ſphère inconnue,
Et dans les Cieux, ouverts & refermés,
L'éclair s'échappe en ſillons enflâmés.....
Dieux ! voulez-vous dans cette nuit obſcure,
Pour un baiſer conſterner la Nature ?
  ZELMIS s'enfuit, peut-être ſans retour :
J'ai troublé ſeul le ſoir d'un ſi beau jour !
Le vent redouble ; &, pour dernier ravage,
Dans la Volière il entr'ouvre un paſſage.
Un Epervier, ô déſaſtre ! ô terreur !
D'un vol bruyant y tombe avec fureur.

Figurez-vous l'allarme univerſelle ;
J'entends gémir ſous la ſerre cruelle,
Ce peuple doux, paiſible & déſarmé,
Fait pour aimer & fait pour être aimé.
Blandule alors, mère trop malheureuſe,
Couvroit ſon fils de ſon aîle amoureuſe,
Et, réſolue à lui ſervir d'appui,
En s'oubliant ne trembloit que pour lui.
Le monſtre approche, à ſes yeux le dévore :
Teint de ſon ſang, il la pourſuit encore.
Nitor envain déploie en ſon courroux
L'ame d'un Père & le cœur d'un Epoux ;
Nitor bleſſé, ne ſauroit la défendre.
On la ravit à l'amour le plus tendre,
Et l'Epervier, s'élevant dans les airs,
Porte ſa proie au fond de ſes déſerts.

Sur les rameaux, abattus par l'orage,
L'homme champêtre au jour vient rendre hommage;
Déjà l'aurore, au front calme & riant,
De ſon écharpe embraſſe l'orient ;
De ſon éclat déjà le Ciel ſe dore,
Et par degrés l'Univers ſe colore.
Plein de Zelmis, occupé de mes feux,
J'entretenois mes ennuis amoureux.
Que vois-je ? ô Ciel ! quelle horreur répandue,
Et quel objet vient affliger ma vue ?

Nitor, privé d'une Amante & d'un fils,
Qu'il redemande aux échos attendris!
Tel autrefois, le Chantre de la Thrace,
Aux antres sourds racontoit sa disgrace.
Amour, Amour, si mon cœur t'est soumis,
Rends-moi l'oiseau que m'a donné Zelmis!
Il méritoit, puisqu'il a sçu lui plaire,
D'être choisi pour le char de ta Mère.
L'AMOUR alors de ruses excédé,
L'aîle traînante & le carquois vuidé,
Las & content, s'en alloit à Cithère,
Jouir en paix du mal qu'il a pu faire.
Mais, lorsqu'à nuire il vient de s'occuper,
Le Dieu malin se délasse à tromper.
LAISSONS enfin reposer ma puissance,
Et reprenons tous les droits de l'enfance,
Et sa malice : il dit ; & de sa main,
Dans ma Volière il introduit soudain
Un autre oiseau, l'image de Blandule ;
C'est elle-même, ou du moins son émule.
Mais, s'élançant vers l'ombre du bonheur,
Nitor s'arrête, averti par son cœur.
Tous les oiseaux autour d'elle s'empressent :
Leurs becs unis à l'envi la caressent ;
C'est leur Blandule échappée au trépas :
Tous sont trompés ; Nitor seul ne l'est pas.

Le même inſtant voit éteindre ſa flâme ;
L'erreur des yeux ne va point juſqu'à l'âme.
Il eſt, il eſt d'inviſibles attraits,
Dont le cœur ſeul a connu les ſecrets.
Tendre Blandule, oui, c'eſt ta reſſemblance ;
C'eſt ta beauté, mais non ton innocence.

Sous ces boſquets où la belle Cypris
Sourit aux jeux de ſes oiſeaux chéris,
Son fils lui-même éleva cette Hélène,
Au milieu d'eux marchant en ſouveraine.
Elle amuſoit les loiſirs de l'Amour,
Qui la forma pour briller à ſa Cour.
Comme ſon Maître, elle eſt légère & vive,
Toujours enchaîne & n'eſt jamais captive.
Ce Dieu ſouvent la poſoit ſur ſon ſein,
Lui ſourioit, careſſoit de la main
Les lys mouvans de ſon aîle badine,
Mouilloit ſon bec ſur ſa lèvre enfantine,
Et lui ſouffloit les folâtres deſirs,
Et l'inconſtance & le goût des plaiſirs.

PRÈS de Nitor déjà l'enchantereſſe,
D'un air de veuve imite ſa triſteſſe,
En longs ſoupirs répond languiſſamment
Aux longs ſoupirs de ſon plaintif Amant,
Et, ſous les ſoins de l'Amante inquiette,
Cache la fraude & l'art de la Coquette.

Eſt-il

Eſt-il rebelle à des ſoins auſſi doux ?
On croit le vaincre en le rendant jaloux.
Feignant d'aimer, elle eſt sûre de plaire ;
Elle corrompt les mœurs de la Volière !
Aux Tourtereaux, ſi conſtans, ſi vantés,
Elle apprend l'art des infidélités !
Telle, autrefois, on vit la jeune Armide,
Cachant ſes vœux ſous un charme perfide,
De notre foi ſéduire les ſoutiens,
Et diviſer tout le camp des Chrétiens.
LAS de combattre, ou de gémir ſans ceſſe,
Nitor commence à craindre ſa foibleſſe ;
Il interrompt ſes douloureux accens ;
Le cœur diſtrait laiſſe parler les ſens.
Changeant ſoudain, l'étrangère infidelle
Eſt plus modeſte, & lui paroît plus belle.
La voyez-vous ſur les pas de Nitor,
Le becqueter, le becqueter encor,
Développer mille grâces nouvelles,
Le provoquer en agitant ſes aîles,
Et voltiger, & peindre le deſir,
Et murmurer le ſignal du plaiſir ?
On ſe rapproche... on s'enlace... ô prodige !
Le ſentiment détruira le preſtige,
Nitor réſiſte ! il fuit, il eſt vainqueur :
Blandule encor va régner ſur ſon cœur.

Jouis enfin, ta Blandule eſt ſauvée,
Zelmis l'aimoit, l'Amour l'a conſervée.

Dans ce moment ſur un rameau voiſin
Elle attendoit & craignoit ſon deſtin.
Son cœur flottant, lorſque Nitor balance,
S'ouvre à la crainte & s'ouvre à l'eſpérance;
Mais tous les deux par l'amour réunis,
Vont être heureux ſur le ſein de Zelmis.
Dans leur réduit la paix eſt revenue,
L'Enchantereſſe eſt déjà diſparue;
Et, dans ce jour, à jamais fortuné,
Juſqu'au baiſer, tout me fut pardonné.

ÉPITRE A M. COLARDEAU.

En lui envoyant l'Ode qui ſuit.

QUAND je défends la Poéſie,
A toi ſeul, Poëte charmant,
J'oſe offrir ſon apologie :
A toi, Peintre du ſentiment,
Qui des ſons connois la magie ;
A toi, mélodieux Amant
Des Déeſſes de l'Harmonie.
Déjà tes pinceaux enchanteurs,
Dont l'art ſavant t'immortaliſe,
Ont fait paſſer dans tous les cœurs
Les intéreſſantes douleurs
Et de Caliſte & d'Héloïſe ;
Déjà l'on t'a vu d'une main
Libre à la fois & circonſpecte,

Embellir le Temple divin,
Dont Montesquieu fut l'Architecte.
Au milieu des plus doux concerts,
Ta Muse brillante & rapide
A cueilli les roses de Gnide,
Qui refleurissent dans tes Vers.
Même on t'a vu, des sombres rives
Interrogeant les longs échos,
Evoquer les ombres plaintives
Que du stix enchaînent les eaux;
Et, parcourant ces bords nouveaux,
Unir ta guirlande légère,
A la couronne funéraire
Qu'Yung ravit sur les tombeaux.
Chantre aimable & mélancolique,
Qu'ils sont loin de toi ces Rimeurs,
Au ton plaisament despotique,
Qui lassent jusqu'à leurs Prôneurs
Qu'a démentis la voix publique:
Ces petits tantales si vains,
Dont l'audace toujours active
Touche la palme fugitive
Qui toujours échappe à leurs mains!
Souffre en paix leur sotte arrogance;
Et, gardant ta sérénité,
Vois les pâlir en ta présence

Du remords de leur nullité.
Dans le dédale des intrigues
Ils quêtent des Admirateurs ;
Et, par la honte de leurs brigues
Ils ramperont jusqu'aux honneurs.
Toi, chéris ton indépendance ;
Goûte ses paisibles douceurs.
Sans fiel, (quoique sans récompense,)
Mais avant tout, sans Protecteurs.
Par cent motifs... que l'on devine ;
On se fait à leur abandon.
Les succès furent pour Pradon,
Et les lauriers sont pour Racine.

J'AI, pour moi-même, exécuté
Tous les conseils que je te donne :
D'utiles soins m'ont écarté
Du champ, où l'adresse moissonne
Et répand la stérilité.
Loin de nous l'inquiette ivresse,
Celle au moins qui peut tourmenter :
Mêlant l'étude & la paresse,
Laissons les Sectes s'agiter.
Le calme est fait pour la sagesse.

CONTRE

LES DÉTRACTEURS

DE

LA POÉSIE D'IMAGES.

ODE.

Vous, qu'Apollon enflamme encore,
Laiſſez vos brillantes couleurs :
Déſormais à la jeune Flore,
Arrachez ſes treſſes de fleurs ;
Séchez les pampres de Pomone,
A Cérès ôtez ſa couronne,
Faites pâlir l'or des moiſſons,
Fermez les céleſtes demeures,
Renverſez le palais des heures,
Et briſez le char des ſaiſons.

L'INDIGENTE penſée a banni ces images.
De Dodone chênes ſacrés,
Nous ne ſerons plus inſpirés
Sous vos myſtérieux ombrages.
Les trépieds, jadis frémiſſans,
Dans vos dédales ſourds repoſent immobiles,
Et les Oracles des Sibylles,
Ne ſeront plus portés ſur les aîles des vents.

TOI-MÊME, ô Peintre magnifique,
Pline françois, ſavant Buffon,
Qui répands le feu poétique
Sur les travaux de la raiſon;
Reprime ta courſe hardie,
Et ces tranſports tumultueux,
Et ces élans impétueux,
Divins attributs du Génie:
Eteins ce flambeau créateur
Que tu portas d'une main ſure
Dans l'attelier de la Nature,
Et que tu tiens de ſon Auteur.

MAIS, non... parois & tonne, auguſte Poéſie;
O monts Aoniens, courbez-vous à ſa voix!

Répétez ſes accords, grottes de Blanduſie;
Onde ſainte, bouillonne & coule ſous ſes loix:
Et toi, docte forêt des lauriers prophétiques
Agite tes ſommets antiques,
Reçois ta Souveraine & rends-lui tous ſes droits!

Mais quels concerts ſe font entendre?
C'eſt toi, noble fille des Cieux,
Qu'en ce moment je vois deſcendre
Du Palais enflammé des Dieux!
Un nuage d'or t'environne;
Ta tête, où la flamme rayonne,
Nage mollement dans l'Ether;
Et, de l'Olympe qui t'adore,
Tu lances les feux de l'Aurore,
Ou les foudres de Jupiter.

Iris t'offre en tribut ſon écharpe éclatante,
Phébus, ſon char brillant, Hébé, ſon doux ſouris:
S'élèvant juſqu'à toi de ſa conque flottante,
La Déeſſe des Mers, le front ceint de rubis,
Dépoſe à tes genoux les tréſors qu'elle enfante.

Des champs Elisiens, les immortels berceaux
Par toi se couvrent de verdure ;
Par toi l'Aquilon siffle, ou le Zéphir murmure ;
Tu commandes à la Nature,
Et tu la reproduis sous tes brûlans pinceaux.

Le Printems sur tes pas épanche ses corbeilles ;
De roses tu semas les portes du matin ;
Le frêle émail des prés est fixé par ta main,
Et tu créas le Dieu qui préside à nos treilles.

Tu parles : les Humains confusément épars,
S'assemblent à l'envi sous de communs asyles :
Je vois naître les loix, & s'élever des Villes
Les superbes remparts.

La Vérité par toi quitte enfin sa rudesse ;
Empruntant ta parure elle a repris ses droits,
Et, sous des traits plus doux, s'approche avec adresse
De l'oreille des Rois.

Le Chantre d'Uliſſe & d'Achille,
Contemplant ſes nombreux Autels,
Dans une atmoſphère tranquille
Boit le nectar des Immortels.
Tel, un Cèdre, en tiges auguſtes,
Elève ſes rameaux robuſtes
Que jamais l'art n'a mutilés ;
Et, cicatriſé par l'orage,
Sur ſon reſpectable feuillage
Voit les ſiecles accumulés.

Le Cigne brillant d'Auſonie,
Partageant les mêmes honneurs,
Voulut entrelacer de fleurs
Le diadême du Génie :
Plus flexible & moins emporté,
Enchaînant le goût ſur ſes traces,
Il ſçut donner un voile aux graces
Sans ôter rien à la beauté.

Ceint des palmes de l'Idumée,
Viens te placer à côté d'eux,
Toi, qui chantas la ſainte Armée
De tant de Héros valeureux ;

Toi, dont la ſavante induſtrie,
Prodigue en ſa variété ;
Dans ſes tableaux toujours marie
Les miracles de la Féerie
Aux charmes de la vérité.

Des flancs de ce ſombre nuage,
Quel autre couronné d'éclairs,
S'ouvrant tout-à-coup un paſſage
S'élance par bonds dans les airs!...
C'eſt Milton, cet Anglois ſublime,
Qui du Pinde franchit la cime:
Il lance des feux d'une main,
Et de l'autre, il répand les roſes,
Du ſouffle d'un Dieu même écloſes,
Qu'Eden voit naître dans ſon ſein.

Fougue rapide, audace altière,
Embrâſez, agitez mes ſens!
Où ſont-ils, ces Mortels, ces eſprits bienfaiſans,
Qui ſur ce Globe obſcur ont verſé la lumière,
Et réchauffé nos cœurs du feu de leurs accens ?

QUAND la Reine de l'Empirée
Des Grecs favoriſant les coups,
Du fils de Saturne & de Rhée
Voulut déſarmer le courroux :
Eſt-ce donc toi, froide ſageſſe,
Qui ſçus prêter à la Déeſſe
Un art & des traits inconnus ?
Plus belle, & ſurtout moins ſévère,
Elle n'emprunta pour lui plaire
Que la ceinture de Vénus.

DÉJA le Maître du Tonnerre
Sourit avec ſérénité ;
Ses yeux, qu'enflâmoit la colère,
Etincellent de volupté :
Il s'attendrit, brûle, ſuccombe ;
Du haut des Cieux un voile tombe,
Soutenu par mille Zéphirs ;
Et l'Ida que couvre un nuage,
Voit fleurir un nouveau bocage
Où le Dieu cache ſes plaiſirs.

L'AIR ſombre, l'œil en pleurs, l'inconſolable Orphée
Pénètre, ſa lyre à la main,

Jusqu'aux cavernes du Riphée ;
On l'environne, il chante, & tout s'émeut soudain.
Tel est l'heureux pouvoir des Rois de l'harmonie,
De l'immortalité brillans dispensateurs,
Qui, secouant au loin le flambeau de la vie,
Fécondent du cahos les vastes profondeurs,
Et font éclore un monde à la voix du génie.

Vous, que blessent du jour les feux étincellans,
Infortunés Mortels, qu'offense un beau délire,
Et qui, fermant l'oreille aux accords de la lyre,
Voulez aux loix d'Euclide asservir les élans....
Fuyez, rampez, Troupeau servile & solitaire!
Vous, Muses, reprenez un vol audacieux.
Quand le reptile impur se traîne sur la terre,
L'Aigle s'élève, plâne, & se perd dans les Cieux.

HYPARCHUS.

PISISTRATE expiroit, & le peuple d'Athènes
Du Royaume, agité par divers intérêts,
A ſon fils Hyparchus abandonnoit les rênes.
Quoiqu'à peine il comptât quatre luſtres complets,
Il étoit bienfaiſant, il aimoit la juſtice.
Son cœur formoit déjà mille utiles projets :
Mais l'art de gouverner veut un long exercice.
Il falloit ſubvenir aux beſoins du moment,
Des méchans en crédit anéantir les trames ;
Sans aigrir les eſprits, réformer bruſquement,
Des Miniſtres des Dieux concilier les ames,
Faire eſpérer le Peuple, avoir pour ſoi les femmes
Dont l'avis influoit dans ſon Gouvernement :
Il falloit débrouiller le chaos des affaires,
Des Vautours de l'Etat rogner un peu les ſerres ;
Diſcerner les cœurs vrais des cœurs intéreſſés,
Chercher, & recueillir dans un dédale immenſe
Les germes de bonheur qu'on avoit diſperſés ;
Ces travaux ont ſouvent effrayé la prudence,
Et les plus clairvoyans y ſont embarraſſés.

En ces jours orageux, on parloit dans la Grèce
D'un Philosophe aimable, oublié par le tems.
Téos avec orgueil célébroit ses talens,
Son Luth harmonieux, présent de la mollesse,
Son paisible abandon, & ses goûts nonchalans,
Et ses rians écrits, dictés par la sagesse.
Cet ami d'Apollon, loin des Cirques vantés,
De leurs plaisirs si faux, de leurs pompes si vaines,
Assis dans ses bosquets, auprès de ses fontaines,
Cultivoit les vertus au sein des voluptés,
Et laissoit la fortune aux intriguans d'Athènes.
Voila, dit Hyparchus, le conseil que je veux.
Je ne souffrirai point, quoi que ma Cour me dise,
Qu'un méchant me corrompe ou qu'un pédant m'instruise.
Je desire un Mentor, qu'environnent les jeux,
Qui, malgré sa science, ait l'esprit d'être heureux,
Et par un doux chemin au bonheur me conduise.
Partez, obéissez, cherchez Anacréon :
On a de trop d'ennuis fatigué mon enfance ;
Je veux qu'avec adresse égayant la leçon,
Et cette gravité qui suit l'expérience,
Un Sage, en raisonnant, fasse aimer la raison.
Des Galères déjà sur les flots sont lancées.
Hyparchus a remis des lettres de sa main,
Au Chantre de Téos elles sont adressées ;
Il l'invite en Ami, bien plus qu'en Souverain.

On aborde, on s'empreſſe, on le découvre enfin;
Couché tranquillement à l'ombre d'une treille,
Laiſſant tomber des fleurs de ſa débile main,
Le front enluminé d'une couleur vermeille,
Peignant un cœur joyeux dans un ſommeil ſerein.
Les Zéphirs qu'enchaînoient ces rives fortunées,
Agitoient ſes cheveux blanchis par les années.
Près de lui s'exhaloient les parfums les plus doux;
Les oiſeaux de ſes bois ſuſpendoient leur ramage,
De ſa félicité tout retraçoit l'image,
Et le plus heureux Prince en eût été jaloux.

Il s'éveille, on accourt, il lit... Eſt-ce un menſonge?
D'où me vient cet écrit? quel eſt cet appareil,
Dit-il? Sous ces berceaux je me livre au ſommeil;
J'y retrouve un plaiſir dans la douceur d'un ſonge,
Et la faveur d'un Roi m'attendoit au réveil!
Hyparchus eſt aimable; Hyparchus m'intéreſſe.
Monarque & Citoyen, il eſt ſacré pour moi.
Allons, il faut le voir, l'humanité m'en preſſe;
Il faut, mettant ma gloire à lui prouver ma foi,
Par ce brillant exil honorer ma vieilleſſe,
Et faire mille heureux, en conſeillant un Roi.

Dans ces réflexions quelque tems immobile,
Il ſe décide & part: l'Amitié dans ſes bras
Le retient, l'attendrit, & ne le fléchit pas.
Les reproches ſont vains & la plainte eſt ſtérile.

Mais

Mais, cachant la douleur qui le ſuivra toujours,
Il tourne encor les yeux vers ce charmant aſyle,
Solitaire témoin de ſes longues amours;
Le calme eſt ſur ſon front, ſon cœur n'eſt pas tranquille,
Et, riſquant à regret un reſte de beaux jours,
Il s'arrache au bonheur, dans l'eſpoir d'être utile.
Le Vaiſſeau qui le porte eſt couronné de fleurs.
Reſpectant le deſtin d'une tête chérie,
Les flots, à peine émus par les vents protecteurs,
S'ouvrent facilement ſous la main des Rameurs:
Sous un autre Arion la mer eſt applanie.
D'Athènes qui l'attend il va combler les vœux.
Vers lui le peuple vole, Hyparchus le dévance.
Venez, dit-il, venez, Sage voluptueux,
Mon guide, mon appui, ma plus chere eſpérance,
Liguons-nous pour le bien, & gouvernons tous deux.
Anacréon ſurpris entre ſes bras s'élance;
Mais enfin ce Neſtor du Pinde & de Paphos,
Revenu de ſon trouble après un long ſilence,
Sourit à ſon Elève, & lui parle en ces mots:
Prince, juſqu'à préſent, j'ai, ne vous en déplaiſe,
Vécu dans mes jardins, bien plus que dans les Cours.
J'aime beaucoup les lieux où l'on penſe à ſon aiſe,
Où l'on trompe l'envie en cachant ſes amours;
Car je conſerve encor les erreurs du bel âge:
J'ai de l'aveugle Dieu retenu le bandeau;

Le cœur ne vieillit point ainſi que le viſage ;
Et des illuſions l'eſſain jeune & volage
Me ſuit ſur le penchant qui m'entraîne au tombeau.

Du Trône & de ſes Loix j'ai peu d'intelligence,
Mais je ſuis ſans parti, ſans intérêt, ſans fard :
Le zèle près de vous tient lieu de connoiſſance,
Et j'aime un jeune Roi qui conſulte un Vieillard.
Cauſons : l'art de regner qui paroît ſi terrible,
N'eſt que l'art, ſelon moi, d'être juſte & ſenſible.
Un Monarque eſt un père, ou veut le devenir.
Prompt à récompenſer, il eſt lent à punir,
Et, ne pouvant tout voir, tout juger par lui-même,
Contraint de partager le poids du Diadême,
Une de ſes vertus eſt de ſavoir choiſir....
C'eſt celle de votre âge, & je vous la conſeille.
Promettez-moi de fuir ces Mortels careſſans
Qui des molles vapeurs d'un délicat encens
Offuſquent par degré la vertu qui ſommeille ;
Si la vôtre s'endort.... le Peuple a cent Tyrans.
Cher Prince, aimez le Peuple ; allégez ſa misère.
Un Sage veut le bien, les Rois doivent le faire.
Fêtez les Citoyens plus que les Courtiſans.
Téos vous le dira, je ne ſuis point ſévère :
Mais je ne voudrois pas qu'on flétrît des penchans
Qui promettent en vous du bonheur à la terre.
A de tranquilles ſoins conſacrez vos beaux jours.

Evitez, s'il se peut, les horreurs de la guerre.
Injuste ou légitime, on en souffre toujours :
J'aime bien mieux les jeux des doctes immortelles.
Environnez leurs fronts des palmes de la paix ;
Secondez leurs travaux, protégez leurs succès,
Et l'austère avenir, prononçant après elles,
Vous ceindra d'un laurier qui ne mourra jamais.
Nous autres Chansonniers, que par fois on dédaigne,
Nous avons notre prix, vainement disputé.
Brillans Avant-coureurs de l'immortalité,
Il faut qu'on nous chérisse, ou du moins qu'on nous craigne,
Et l'écho de nos voix, quand nous parlons d'un règne,
Répond & retentit dans la postérité.
Ouvrez donc aux neuf Sœurs des abris tutélaires,
Encouragez leur zèle à des progrès nouveaux,
Et croyez qu'en dépit de vos nobles chimères,
On n'a point de plaisir à régner sur des sots.
Sur un front de vingt ans illustrez la Couronne,
Puisez dans votre cœur les maximes du Trône ;
La triste expérience endurcit trop souvent.
L'instinct seul des vertus conduit mieux la jeunesse
Que des préceptes vains, emportés par le vent.
La sensibilité fait plus que la sagesse...
Mais surtout, soyez gai ; c'est un de mes desirs.
Le méchant ne rit point ; tous les tyrans sont tristes.
De ces infortunés pourquoi grossir les listes ?

Loin de moi la grandeur qui défend les plaiſirs.
O Rois, que je vous plains ! le dégoût vous dévore :
Il ſe traîne avec vous au fond de vos Palais ;
Il vous rend importun l'éclat qui vous décore.
Ce monſtre à vos côtés vient s'aſſeoir ſous le dais ;
Dans le ſein de l'amour il vous pourſuit encore....
Voulez-vous un plaiſir qui ne s'uſe jamais,
Un moyen d'être heureux, une volupté pure ?
Surprenez l'indigence en ſes réduits ſecrets ;
Si le Peuple s'eſt plaint, appaiſez ſon murmure ;
Qu'il renaiſſe au bonheur, en comptant vos bienfaits.
N'en croyez pas des Cours la brillante impoſture ;
Pour le mieux ſecourir, voyez l'homme de près,
Et, vous créant un cœur digne de vos Sujets,
Que la tendre pitié vous rende à la nature.

L'INSENSIBLE étiquette eſt la mort des vertus.
Son Code aſſoupiſſant, ſa puérile étude
Livrent l'ame aux langueurs de la froide habitude,
Et glacent les eſprits ſous ſon joug abattus.
Mais on dit qu'en ces lieux votre épouſe adorée
Veut, quoique Souveraine, agir plus librement,
De ce joug monotone être enfin délivrée,
Echapper au Coſtume, & rire impunément.
J'approuve ſon projet, j'aime ſa fantaiſie.
On va donc nous prouver qu'on peut régner gaîment!
Le Ciel n'exige pas qu'une Reine s'ennuie,

Surtout lorſqu'elle eſt jeune, & lorſqu'elle eſt jolie.
Le Ciel, j'en ſuis très-sûr, en ordonne autrement.
Il pardonne aux Sujets quelques grains de folie,
Et, même aux Majeſtés, il permet l'enjouement.
Je veux vous voir tous deux, malgré le Diadême,
Heureux, indépendans, enviés par moi-même,
Connoître enfin le prix & l'emploi du moment....
J'irai reprendre alors mes Couronnes de roſes,
Retrouver mes gazons, plus frais que vos ſophas;
Des feſtins où je règne articuler les clauſes,
Régir en badinant mes paiſibles Etats.
Qu'attendrois-je de plus aux bornes de ma vie?
De Pampres couronné, je brave le trépas.
Une ivreſſe éternelle eſt ma Philoſophie.
J'ai du vin Grec très-vieux, une très-jeune amie,
Des bocages, des fleurs «... Il ne pourſuivit pas.

Dans cet inſtant marqué la Cour impatiente
Vint fêter ce Vieillard, aimable en ſes leçons,
Qui ſavoit égayer ſa morale éloquente,
Et ſe fit nommer Sage, en faiſant des Chanſons.

DISCOURS
DU SCYTHE
A ALEXANDRE.

Si, changeant pour toi ſeul les loix de la Nature,
Les Dieux à ton orgueil égaloient ta ſtature,
On te verroit toucher, dans ton délire ardent,
L'orient d'une main, de l'autre l'occident,
Et tu voudrois encore envahir l'hémiſphère,
Qu'en s'éclipſant pour nous l'aſtre du jour éclaire;
La terre de ton poids ſe ſentiroit preſſer.
Tu n'occupes qu'un point, & veux tout embraſſer!
Tu promènes la mort, au gré de ta furie,
De l'Aſie en Europe, & d'Europe en Aſie.
Sur les débris fumans du monde ſaccagé,
Vainqueur du genre-humain, à tes pieds égorgé,

Aux forêts, aux frimats, tu porterois la guerre :
Tu chercherois le tigre au fond de ſon repaire ;
Les fleuves, les torrens ne pourroient t'arrêter,
Et ton cœur ſeul enfin reſteroit à dompter.
Tremble : le plus haut chêne eſt près de ſa ruine ;
Planté depuis un ſiècle, un jour le déracine.
Inſenſé le Mortel dont le regard ſéduit
Ne meſure point l'arbre, & n'en voit que le fruit !
Prends garde, en y montant, que la branche infidelle
Se briſant dans tes mains, ne t'entraîne avec elle.
Rien n'eſt dans l'univers exempt des coups du ſort :
Le plus foible a ſouvent renverſé le plus fort.
Il n'eſt point de métaux que la rouille reſpecte :
Le Lion peut ſervir de pâture à l'Inſecte.
Qu'avons-nous de commun ? Laiſſe-nous t'ignorer.
Jamais dans ton pays, nous a-t-on vus entrer ?
Nous ne voulons donner, ni recevoir des chaînes.
Une coupe, des ſocs ſont nos biens dans ces plaines :
Nous préſentons la coupe aux Dieux de nos forêts ;
Le ſoc, pour nos amis, fait jaunir nos guérets.
La fléche nous défend ; ſon atteinte ſubite
Frappant nos ennemis, enſanglante leur fuite.
Ainſi le Mède altier ſentit notre courroux ;
Ainſi le Sirien expira ſous nos coups :
Nous renverſions ainſi leurs troupes fugitives,
Et le Nil étonné nous vit couvrir ſes rives.

Mais toi, qui des brigands t'oſes nommer l'effroi,
Demande à l'univers qui d'eux l'eſt plus que toi.
Le Lydien te ſert ; la fière Bactriane
A fléchi ſous le joug dont gémit Ecbatane,
Et tes avares mains, déchaînant les fléaux,
S'étendent juſqu'à nous pour ravir nos troupeaux !
Que fais-tu, malheureux ? Quelle ſoif te dévore ?
Un fleuve d'or l'abreuve & la rallume encore.
Sans jouir des tréſors diſperſés ſous tes pas,
Ton cœur eſt tourmenté par ceux que tu n'as pas.
Tu ſembles t'appauvrir en dévaſtant la terre :
La victoire eſt pour toi le ſignal de la guerre.
Paſſe le Tanaïs ; tu ſauras à l'inſtant
Juſqu'où de ce côté notre empire s'étend.
De ton avidité nous n'avons rien à craindre.
Tu peux nous ravir tout, mais non pas nous atteindre.
Rien n'arrête nos pas, rien n'énerve nos corps ;
La ſage tempérance affermit leurs reſſorts,
Et, s'il faut contre toi chercher un autre aſyle,
Va, notre pauvreté ſera bien plus agile
Que ta ſuperbe armée, & ce peſant ramas
Qui traîne la dépouille & l'or de cent Etats.
Mais la fuite eſt pour nous le chemin à l'audace :
Tu nous croiras bien loin ; nous ferons ſur ta trace.
Oui, juſques dans ton camp, nous lancerons des feux ;
Si le Scythe fait fuir, il pourſuit encor mieux.

Le Grec, enorgueilli de ſes grandeurs ſerviles,
Compare avec dédain nos déſerts & ſes villes;
Qu'il garde ſon éclat, ſes plaiſirs corrupteurs:
Dans la ſimplicité nous mettons nos grandeurs.
Toi, connois la fortune: inconſtante & frivole,
Lorſqu'on croit la tenir, elle échappe & s'envole.
Tu veux paſſer pour Dieu! ſois donc le bienfaiteur,
Sois l'appui des Mortels, non leur perſécuteur.
Homme, remplis ce titre, &, quittant tes chimères,
Ceſſe de te baigner dans le ſang de tes frères.
Ne nous regarde point comme un Peuple ſoumis;
Traite-nous en égaux: nous ſerons tes amis.
Laiſſe-nous à défendre, & l'Europe & l'Aſie:
Que ton propre intérêt ſoit le nœud qui nous lie.
Nous ne propoſons que nos cœurs pour garans,
Nos vertus pour traités, & nos mœurs pour ſermens.

TRADUCTION

PRESQUE LITTÉRALE

D'un Fragment d'une Satyre de Lucilius.

QUEL ſiècle ! quels excès ! quelle aveugle licence !
La Nobleſſe vendue à l'or du Plébeïen !
L'art glacé du Sophiſte étouffant l'éloquence !
Des Raiſonneurs en foule & pas un Citoyen !
L'un de Thémis en pleurs a briſé la balance :
L'autre, au blâme endurci, bravant tout, n'aimant rien,
Etale effrontément ſa coupable opulence.
Le faſte a de l'Etat ſéché les réſervoirs :
Le Palais de Poppée inſulte à nos misères ;
L'Amour a ſon trafic, & Vénus, ſes comptoirs :
La Toilette d'Albine eſt un Bureau d'affaires.
Tout eſt vil ou cruel, l'égoïſme s'étend,
L'uſure, au front d'airain, ſort de ſes noirs repaires,
Et le Guerrier lui-même a les mœurs du Traitant.

PEINDRAI-JE & nos besoins & nos plaisirs factices,
Les crimes enfantés par l'abus du pouvoir ;
L'audacieuse intrigue assiégeant les comices ;
Des Augures trompeurs profanant l'encensoir ;
D'imbécilles tyrans, dont nos Dieux sont complices ;
Et de jeunes Romains notre dernier espoir,
De mollesse hébêtés, ou vieillis dans les vices ?

O POURQUOI suis-je né dans ces jours malheureux ?
Pleurons, Amis, pleurons nos maux & nos injures ;
De nos proscriptions l'attentat douloureux ;
Rome, hélas ! enfonçant le fer dans ses blessures ;
Et, la hache à la main, le despotisme affreux,
A ce Peuple abattu défendant les murmures.
Pleurons l'oubli des loix & le mépris des mœurs ;
Les progrès menaçans d'une fausse sagesse,
Le rapide déclin des Arts consolateurs,
L'indigence qui naît du sein de la richesse,
Et tous les sentimens éteints dans tous les cœurs.
J'ai vu nos légions, parjures à la gloire,
Se laisser sans combat enlever la victoire :
J'ai vu nos Ports déserts languir dans l'abandon ;
J'ai vu le Laboureur écrasé de subsides,
Sacrifiant sa vie à des Maîtres avides,
Consumé par la faim, mourir sur la moisson.
J'ai vu des Proconsuls la débauche effrénée,
Dévorer en un jour les trésors d'une année :

Et, tandis qu'auprès d'eux leurs lâches complaiſans,
De la baſſeſſe active épuiſant l'induſtrie,
Ranimoient les langueurs de leur ame flétrie ;
Tandis qu'à leurs feſtins faiſant fumer l'encens,
Ils leur verſoient dans l'or le ſang de la Patrie ;
J'ai vu de vieux Soldats, à vivre condamnés,
Traîner dans le beſoin leurs jours infortunés :
Je les ai vus, fuyant une pitié frivole,
Ne confier leurs pleurs qu'aux murs du Capitole,
Baiſer en ſoupirant l'Urne de nos Héros,
Et chercher Rome encor autour de leurs tombeaux.

MONOLOGUE
DE
CATON.

Oui, l'ame eſt immortelle; oui, tu dis vrai, Platon!
Cet inſtinct eſt dans nous plus fort que la raiſon.
De-là naiſſent en moi ces mouvemens rapides,
Ces élans inquiets vers des biens plus ſolides.
D'où vient que, ſur ce globe, où règne un vaſte deuil,
L'homme tremble & recule à l'aſpect du cercueil?
Prête à voir ſe briſer ſa demeure fragile,
L'âme alors ſe débat, cherche un plus sûr aſyle,
Se ramaſſe en ſoi-même, & ſemble, en ce moment,
Lutter contre la mort, par l'effroi du néant.
Fuyez, ſyſtêmes vains, que mon eſprit abjure:
On ne ſe méprend point au cri de la nature.
Ce ſentiment profond eſt gravé de ſa main.
Un Dieu m'a donné l'être, un Dieu vit dans mon ſein;

Ma haine pour César & le prouve & l'atteste.
Ce Dieu seul me soutient ; tout me quitte : il me reste,
Et répète à mon cœur plein de sécurité :
Ton partage, ô Mortel, est l'immortalité.
Elle m'attend... frappons... tout le veut... qui m'arrête?
Quelles noires vapeurs s'amassent sur ma tête ?
Ciel ! l'Eternité s'ouvre, &, dans ma sombre horreur,
Je n'ose en mesurer l'immense profondeur...
Rassure-toi, Caton, & franchis ce passage ;
Redouté du coupable, il est l'espoir du sage.
Eh ! qui peut m'alarmer ? s'il est un Etre aux Cieux,
Il sera le Vengeur des Mortels vertueux :
Meurs, il est tems : César, que le destin seconde,
César est le tyran & de Rome & du Monde ;
Tout rampe, tout fléchit sous le joug du Vainqueur :
Meurs ; la Terre est esclave ; il n'est plus de bonheur.
O Romains avilis, Romains que je déteste,
Je vais donc me sauver de votre aspect funeste !
Poignard, unique bien qu'on ne m'ait point ôté,
En déchirant mon sein, rends-moi la liberté !...
Les ans interrompront la brillante carrière
De ces corps suspendus pour verser la lumière ;
L'Astre du jour, caché sous un crêpe sanglant,
Epaissira la nuit sur l'Univers tremblant ;
Tout sentira des tems l'atteinte inévitable :
Toi seule, tu seras toujours inaltérable,

Mon ame ! image auguſte, où l'Eternel s'eſt peint;
Inviſible flambeau, qu'aucun ſouffle n'éteint !
Parmi le choc des airs, & le fracas des ondes,
La poudre des tombeaux, & la cendre des mondes,
Tu verras, t'élevant ſur des aîles de feu,
Les élémens rentrer dans le ſein de ton Dieu.

L'ÉPREUVE.

J'AIMOIS Zélie, & je l'aimois envain.
De mille Adorateurs ſans ceſſe pourſuivie,
Elle voyoit d'un œil ſerein
Tous les tourmens de mon ame aſſervie,
Elle condamnoit mon chagrin
Et rioit de ma jalouſie :
Flle rioit ! & moi, les yeux noyés de pleurs,
J'allois traîner mes jours dans la mélancolie :
Des éternelles nuits j'accuſois les lenteurs
Et les ſiècles de l'inſomnie.
Des rêves douloureux prolongeoient mes malheurs:
Je n'étois point aimé, je déteſtois la vie.
Que t'ai-je fait, dis-je à l'Amour,
Pour mériter cette rigueur extrême ?
Viens, parle, agis; déſarme ce que j'aime,
Et rends-la ſenſible à ſon tour.

» Arrête,

« Arrête, Mortel téméraire, »
Répond l'Enfant, Maître des Dieux:
» En desirant qu'on te préfère,
» Tu ne sais pas ce que tu veux.
» Même à l'instant que l'on aime le mieux,
» C'est souvent un malheur de plaire.
» Abusé par ton cœur, égaré par tes feux,
» Si tu ne m'en crois pas, que l'avenir t'éclaire!...
» Regarde!... » Et, dans ses mains, éclate en même tems
Un Talisman, un miroir prophétique,
Où, par l'effet d'un art magique,
Est écrit le sort des Amans.
Dieux! quels objets, & quelle destinée!
Après quelques jours de bonheur,
Par moi-même, par moi Zélie abandonnée
Craignoit de rentrer dans son cœur.
Errante, solitaire, aux remords condamnée,
Elle cachoit sa plainte, étouffoit ses soupirs,
Pleuroit sa foi trahie aussitôt que donnée,
Et par son infortune expioit mes plaisirs.
Sous la verdure épaisse, où son ame entraînée
S'étoit rendue à mes sermens trompeurs,
A ses pieds j'apperçois les fleurs
Dont ma main l'avoit couronnée.
Pleine de tendresse & d'effroi,
Elle traçoit, sur l'arêne mobile,

Notre chiffre, hélas! trop fragile;
Qu'emportoit un Zéphir... moins volage que moi.
Ote-moi donc jusques à l'espérance,
M'écriai-je soudain, Dieu cruel!... Dieu charmant!
Si le bonheur conduit à l'inconstance,
Je garde & chéris mon tourment.
Je ne veux point qu'un autre objet me lie.
Prodigue ailleurs tes dangereux bienfaits:
Va, j'aime mieux vivre dans les regrets,
Que de coûter une larme à Zélie.
« Tu mérites le prix, & ton cœur l'obtiendra;
» Crois, me dit-il, ce que l'Amour t'assure.
» Ta jeune Amante t'aimera:
» Tu seras fortuné, sans devenir parjure....
» Et le miroir seul mentira ».

L'AME DE VOLTAIRE.

L'Auteur de Mahomet alloit quitter la vie.
La Mort sur ce brillant fanal
Etendoit sa main rembrunie ;
Et, balançant le trait fatal,
Se sentoit désarmée à l'aspect du Génie.
Dans un Costume assez plaisant,
Les Moines d'alentour accouroient à la file.
Ils vouloient tous prêcher l'illustre agonisant,
Et lui glisser quelques mots d'Evangile.
Voyant qu'en ces moments, l'esprit ne sert à rien,
Autour de lui l'Amitié se désole.
Un bon Pasteur, recitant le Simbole.
Veillant près du Pêcheur, l'ennuyant pour son bien,
Lui montre au Ciel sa grace écrite,
Et lui conseille, en style de Jésuite,
De s'arranger pour mourir en Chrétien.
Mais sur sa tête enfin pese la faulx cruelle.

Malgré Zaïre, & Mérope & Brutus,
Malgré l'Hiſtoire Univerſelle,
Zadig, l'Ingénu, la Pucelle,
Tant d'aimables Ecrits, où le goût étincelle,
Et qu'on lit & relit, après les avoir lus;
Voltaire meurt : ce cri dans ſa retraite
En mille accens plaintifs eſt déjà prolongé :
La Renommée en deuil va l'apprendre au Clergé;
L'écho du Jura le répète :
Il meurt (*), & ſon ame, en ſortant,
Pure comme un rayon échappé d'un nuage,
Eſt ſans délai confiſquée au paſſage
Par un eſprit ſubtil qui guettoit cet inſtant.
Tout-à-coup le Lutin traverſe l'atmoſphère;
De monde en monde, il s'élance, il bondit
A travers des flots de lumière;
Et ſon aſſurance enhardit
L'ame incertaine de Voltaire,
Qu'un pareil trajet étourdit.
Ils abordent bientôt une plage étrangère,
Aſyle éblouiſſant des bienheureux Eſprits.
Ils voudroient pénétrer; mais un Gardien ſévère
Leur ferme bruſquement les céleſtes Parvis.
Ouvrez; c'eſt un Elu, c'eſt l'Auteur de Candide :

(*) Cette Plaiſanterie avoit été faite pour une convaleſcence de ce Poëte célèbre.

Il écrira ſur les plaiſirs du Ciel ;
De la gloire terreſtre il ſentira le vuide,
Et reſpectera Gabriel :
Il vous édifiera. Qu'entends-je? quel blaſphême !
Dit le Saint courroucé : quoi ! Voltaire lui-même,
Auprès de l'Arche ſainte & de l'Etre éternel !
Cours lui chercher un gîte au fond du noir Empire.
Pierre à peine a parlé ; le Follet ſe retire.
Il voit des Royaumes nouveaux,
D'immenſes ſouterrains, des régions funèbres,
Les vaſtes profondeurs du ſéjour des ténèbres.
L'ame implore ſon guide & croit voir le cahos.
On la deſcend enfin ſur ce bord formidable
Où roulent des vagues de feu ;
Tiens, dit le Guide au Monarque effroyable :
Je t'apporte un tréſor, un eſprit bien coupable,
Digne de la fournaiſe & des honneurs du lieu.
Va, fuis, répond le Souverain des ombres,
Ouvrant la griffe & répandant l'effroi ;
Je ne veux point aux manoirs ſombres
De Diable plus Diable que moi.
Je connois celui-ci, j'ai pris ſoin de l'inſtruire ;
Et ſon talent doit m'être cher :
Mais ſa gaîté troubleroit mon Empire.
Il me gâteroit mon Enfer
En forçant les Damnés à rire.

ENVOY.

Pardonne-moi ; je n'ai rêvé ta mort
Que lorſqu'on a ceſſé de trembler pour ta vie,
Et tu montras toujours trop de Philoſophie,
Pour craindre de ſi loin le coup tardif du ſort.
Mais ſi de toi quelque jour il diſpoſe,
Puiſſe arriver tout ce que je prédis.
Puiſſes-tu trouver porte cloſe
En Enfer comme en Paradis !
Nous y gagnerons quelque choſe.
Renvoyé du Ténare & du Ciel deſcendu,
Le tout, comme on ſait, pour ta gloire ;
Sans doute alors tu nous ſerois rendu ....
Car je ne te crois pas friand du Purgatoire.

STANCES INÉGALES.

A un Souverain du Nord, bienfaiteur d'un de nos Hommes de Lettres. *

DES rangs, le pompeux appanage,
Ces titres ſuperbes & vains,
Et ce dangereux avantage
De gouverner quelques Humains,
N'éblouiſſent point l'œil du Sage.
Il vient, la balance à la main,
S'aſſeoir ſur les marches du Trône,
Et, comptant pour rien la Couronne
Lit dans le cœur du Souverain.

LE cri d'une injuſte victoire
Qui ſe mêle au cri des mourans,
Egorgés au nom de la gloire,
Pour l'affreux plaiſir des Tyrans;

* Des circonſtances le forçoient de vendre ſa Bibliothéque.

Tout pouvoir qui nuit & qui bleſſe,
Tout ſceptre lâchement porté,
Et tout laurier enſanglanté,
Sont vils aux yeux de la Sageſſe.

QUAND elle oſe élever ſa voix,
C'eſt pour ceux que le Ciel fit naître
Puiſſans & juſtes à la fois,
Et qui, non contens d'être Rois,
Se ſont montrés dignes de l'être;
Pour qui l'auguſte vérité
N'a point encor perdu ſes charmes,
Et dont la main ſéche les larmes
De la plaintive humanité.

VOILA dans toi ce que j'admire.
Il faut apprendre à l'Univers
Qu'un de ſes Potentats reſpire,
Dont les yeux ſont toujours ouverts
Sur l'infortuné qui ſoupire;
Qui prévient ſes timides vœux,
Du bienfait tremble de l'inſtruire,
Et, dans un tranſport généreux,

Loin des bornes de ſon Empire
Cherche à faire encor des heureux.

AINSI ce globe de lumière,
Qui, ſous un Ciel brillant & pur,
Pourſuivant ſa vaſte carrière,
Roule des flots d'or & d'azur;
D'un ſeul point luit ſur tous les Mondes;
Eclaire le noir Africain,
Blanchit la perle au ſein des Ondes,
Et dans ſes cavernes profondes,
Va mûrir l'or du Méxicain.

PAR tes ſoins il va donc renaître
Cet ami de la vérité!
Dans ſes veilles il va connoître
Le calme & la ſécurité!
Déſormais, vainqueur de l'envie,
Dans ſa paiſible obſcurité,
Il peut, ſans redouter la vie,
Aller à l'immortalité.

HOMERE, Virgile, Pindare,
Vous ne lui ſerez point ravis:

Une faveur ſublime & rare
Lui rend ſes Dieux & ſes Amis ;
Ses vrais Amis, les ſeuls fidelles,
Les ſeuls que l'on retrouve, hélas !
Au ſein des diſgraces cruelles :
Les ſeuls qui ne ſoient point ingrats.

Poursuis : dans une cour polie
Tout ſert & prévient tes deſirs ;
Ta voix excite l'induſtrie,
Le goût ennoblit tes plaiſirs.
Couronnez des fleurs les plus vives,
A tes côtés je vois les Arts
Se ranimant par tes regards
Ne point envier d'autres rives.

Jouis de ces faveurs des Cieux.
Pour moi, caché ſous un nuage,
Permets que j'échappe à tes yeux.
Content, à l'abri de l'orage,
Je ne demande rien aux Dieux.
Si j'avois été malheureux
Tu n'aurois point eu mon hommage.

LE DESIR.

ODE

ANACRÉONTIQUE.

SOUFFLE divin, puiſſant Moteur,
Dont les impreſſions ſoudaines
Font couler le feu dans nos veines,
Et le plaiſir dans notre cœur :

DESIR, j'adore ton ivreſſe,
Tes traits rapides & brûlans,
Et tes impétueux élans,
Et ta langueur enchantereſſe....

Vents, taiſez-vous ; faunes ardens
Ceſſez votre lutte amoureuſe :
Du ſein de la Dryade heureuſe
Prêtez l'oreille à ſes accens.

Il naît, il vole, & de ſes aîles
Parcourt des eſpaces nouveaux ;
Dans les abîmes du Cahos
Il fait jaillir ſes étincelles.

Par lui, les Etres ſont Amans,
Et le Monde eſt une Féerie ;
Il tient le flambeau de la vie
Et fait mouvoir les Elémens.

Sous les ceintres de la verdure
Il offre un Dais à la Beauté :
Il s'empare de la Nature
En promettant la volupté.

O TOI, que l'Univers encenſe,
Toi, premier bienfait du deſtin,
Tant que tu dors dans notre ſein
Quel froid ſommeil que l'exiſtence !

L'HEURE ſe traîne lentement,
La Nature eſt triſte & glacée,
Rien ne ſourit à la penſée,
Rien n'éveille le ſentiment.

TU parois, tout brille & t'exprime ;
L'air eſt plus doux, le jour plus beau ;
Le cœur bat, le regard s'anime,
Et l'Univers ſort du tombeau.

ON tremble, on brûle de connoître ;
Sans objet on devient rêveur ;
Ces prés, ces bois, l'ombre d'un hêtre
Ont un langage pour le cœur.

TA flamme roule avec les ondes :
Tu hâtes le vol des Zéphirs.
Dans les ſolitudes profondes
Echo répète tes ſoupirs.

L'AMANT, qui te redoute encore,
Eſt averti par la douleur
Que tes délices vont éclore
Et qu'il eſt né pour le bonheur.

DESIR, tu créas les Déeſſes,
Et l'Olympe te doit ſes Dieux ;
Que ſeroient-elles ſans tes feux ?
Que ſeroient-ils ſans leurs foibleſſes ?

TOI ſeul précipites les bonds
De la Ménade échevelée,
Qui, dans ſes tranſports vagabonds,
S'élance au creux de la Vallée.

C'EST toi ſeul qui fais palpiter
Le cœur de la Nymphe innocente,
Et qui ſais ſi bien l'agiter
Par un plaiſir qui la tourmente.

C'EST alors qu'au fond des forêts
Elle s'étonne de ſes charmes,
Et cache ſes brûlantes larmes,
Doux indices de tes progrès.

HALETANTE, foible, oppreſſée,
Elle va tomber ſur des fleurs,
Conſervant malgré ſes frayeurs,
Les traits d'Iphis dans ſa penſée.

IPHIS paroît, il eſt charmant :
Tous deux s'embraſſent en ſilence.
Tous deux, grace à leur ignorance,
Sauront profiter du moment.

DÉJA mille friſſons rapides,
Avantcoureurs voluptueux,
Se gliſſant à travers tes feux,
Parcourent leurs lèvres humides.

L'AIMABLE & naïve pudeur
Ajoute encore à ta puiſſance....
Rien de plus vif que ton ardeur,
Rien d'égal à ton éloquence.

L'AMOUR prépare ta moiſſon.
Du jeune objet qu'Iphis adore
Le ſein s'émeut, & ſe colore...
La roſe échappe à ſon bouton.

DESIR, ton triomphe commence,
Et tu mêles de la douceur
Même à l'effroi de l'innocence,
Entre les bras de ſon Vainqueur.

Fin du premier Livre.

ÉPITRES.

LIVRE SECOND.

ÉPITRES.

LIVRE SECOND.

A DÉLIE.

PARDONNE aux écarts indiſcrets
D'une Muſe vive & légere
Qui, ne cherchant qu'à ſe diſtraire,
Eſt toujours franche en ſes portraits.
J'ai peint, j'ai trop chéri peut-être
L'Amour qui change à chaque inſtant;
Mais j'ai connu l'Amour conſtant
Dès que je vins à te connoître.

Reçois ces fruits de mes loisirs ;
C'est à toi que je les dédie,
A toi, qui consoles ma vie,
Qui fais ma gloire & mes plaisirs;
Va, je méprise la fumée
D'un insipide & froid encens.
Je te dois tous mes sentimens ;
Ton suffrage est ma renommée.
Le Maître ou le Dieu que je sers,
Parmi les fleurs dont il me lie,
M'offre des Myrthes toujours verds,
Et ton beau nom, jeune Délie,
Sera trop souvent dans mes Vers,
Pour que jamais on les oublie.

NINON

NINON

A UN COMTE RUSSE.

Quoi qu'en ait dit votre ſot genre-humain,
Je tiens toujours à ma Philoſophie.
J'en conviendrai, j'eus l'eſprit libertin :
Ce fut par choix, plus que par fantaiſie;
Et je voudrois en reprendre le train,
Pour vous payer de votre apologie.
Mais le Léthé, tempérant nos ardeurs,
Nous inveſtit de ſon onde mourante;
Sous nos berceaux il verſe les langueurs.
Avec ſes flots c'eſt l'ennui qui ſerpente.
Vous le ſavez, une ombre ne peut rien
Que regretter l'amour & ſes careſſes,
Ses premiers feux, l'heureux tems des foibleſſes;
Ce tems ſi court que j'employai ſi bien!

Une ombre hélas! froidement immortelle,
Au doux plaiſir ne peut tendre les bras,
Ne peut aimer, ni même être infidelle,
Et l'impuiſſance eſt l'Enfer d'ici-bas.
  CAUSONS du moins & faiſons connoiſſance.
Eh! depuis quand vos éternels glaçons
Aux jolis vers donnent-ils la naiſſance?
Les ris, le goût, la gaîté de la France
S'envolent-ils vers de froids horizons?
On m'a ſouvent conté ſur ces rivages
Que votre Czar, ſoi-diſant Créateur,
Voulût polir vos mœurs encor ſauvages,
Et détruiſit pour être fondateur.
Il élèvoit au milieu des ravages....
Rien n'eſt moins gaî qu'un tel Légiſlateur.
  AUX doctes Sœurs il faut plus de clémence,
Un ſol, des mœurs, des climats tempérés,
Et du repos & de la tolérance:
Le Knout ſied mal à leurs loiſirs ſacrés.
Mais, à préſent le Nord ſe civiliſe,
Je le vois bien: c'eſt que chez vous, dit-on,
L'autorité fait fleurir la raiſon;
Et que le Trône en impoſe à l'Egliſe.
  LE Trône eſt bon; le boudoir a ſon prix.
****.... en étoit convaincue.
C'eſt-là ſouvent qu'à l'Amour ſeul rendue,

Elle admettoit ſes jeunes favoris.
L'eſſaim des jeux dans ſes mains ſouveraines
De ſon Etat venoit brouiller les rênes.
Elle accordoit bien politiquement
Les doux ſecrets avec les pompes vaines,
L'art de régner, le Miniſtre & l'Amant,
Les nuits, les jours, les plaiſirs & les peines,
Et ſon royaume & ſon tempérament....
Je le ſens bien, j'aurois régné comme elle,
Et sûrement vous m'en félicitez.
Vivre n'eſt rien, ſans l'art des voluptés.
Dès le berceau, le deſir nous appelle;
Et Dieu voulut qu'on lui reſtât fidelle:
Sur ce point-là j'ai fait ſes volontés.
A MON attrait je pliai mon génie.
Je crus d'abord, en commençant d'aimer,
Qu'un ſeul objet pouvoit remplir la vie;
De cet eſpoir je me laiſſai charmer;
J'étois bien tendre, & voulois toujours l'être:
Mais, par degrés, je ſentis la langueur,
Et le dégoût ſe gliſſer dans mon cœur;
Je réfléchis, & j'appris à connoître.
Je vis l'Amour comme une aimable erreur,
Comme un enfant qui vient pour diſparoître,
Fait pour l'ivreſſe & non pour le bonheur.
Dès ce moment, plus libre & plus ſenſée,

Je me formai des goûts sûrs & conſtans.
Pour mes amis, tréſor de tous les tems,
Je cultivai mon ame & ma penſée,
J'abandonnai le reſte à mes Amans.
J'eus le ſecret de rompre avec décence.
A mes liens ſavoit-on échapper,
Bientôt ailleurs je ſavois m'occuper ;
Le changement m'adouciſſoit l'abſence.
Je prévenois avec dextérité
L'inſtant fatal où la froideur commence,
Et je ſignois des billets de conſtance,
Pour mettre un prix à l'infidélité.
Je conſultois dans mon indépendance,
Mon cœur... ma tête, & tous deux bien ſouvent.
Jamais les rangs, les titres, l'opulence,
S'ils ſe trouvoient dépourvus d'agrément,
Ne m'arrachoient la moindre préférence.
Le goût dans moi ſur l'orgueil prévalut.
Fin, délicat, ayant par excellence,
Le ton qui plaît, St. Evremont me plut.
J'aimai Chaulieu, je dédaignai Chapelle.
Convive heureux, l'un n'étoit qu'amuſant,
Et l'autre étoit (mon cœur me le rappelle)
Auſſi fripon, mais plus intéreſſant.
  Vous le voyez, j'expoſe ici ma vie,
Sans intérêt, ſans faſte, & ſans détours.

En la peignant, vous l'avez embellie :
Sans les farder, j'ai décrit mes amours.

Ce ton, ces mœurs, cette philoſophie
Fixoient chez moi le plus brillant concours.
La liberté, le goût & la folie
Semoient de fleurs le cercle de mes jours.
Tandis qu'au nom de Louis dit le juſte,
On gouvernoit bien deſpotiquement,
Qu'on abuſoit d'un pouvoir très-auguſte,
Et que l'adreſſe intriguoit ſourdement,
Il eſt bien vrai qu'au ſein de la molleſſe,
Des arts chéris, d'un pareſſeux loiſir,
D'un calme doux & de la politeſſe,
Nous rédigions un Code pour jouir,
Code avoué même par la Sageſſe.
Le verre en main, on commentoit Platon.
L'inſtinct pour loi, des roſes pour parure,
L'oubli des ſoins, le riant abandon,
Nous retraçoient les dogmes d'Epicure,
Et ſur nos pas l'indulgente raiſon
Venoit chanter une Hymne à la Nature.

O Ciel ! rends-moi ces jours voluptueux !
Si j'euſſe été plus rigide & moins ſage,
J'aurois oſé porter plus haut mes vœux ;
Mais la faveur n'eſt qu'un exil pompeux ;
J'étois au Port, &, pour braver l'orage,

Trop de débris avoient frappé mes yeux.
Tendre victime, aimable la Valiere,
Qu'amour en pleurs suit encore aujourd'hui
Sous les cyprès de ce bois solitaire,
Quels noirs chagrins ont troublé ta carrière !
Que ton éclat s'est vîte évanoui !
Aussi pourquoi, trop douce & trop sincère,
T'avisois-tu d'aimer un Roi pour lui ?
De cet abus tu vois quelle est la suite.
En y cédant on se voue à l'ennui,
On vit en dupe & l'on meurt Carmelite.

Pour *** je ne l'aimai jamais.
Prude au cœur faux, se croyant Philosophe,
Et bel esprit sans en avoir l'étoffe,
Elle eut toujours bien plus d'art que d'attraits.
Son air dévot, ses mystiques adresses,
L'activité d'un manége prudent
Sanctifioient ses utiles foiblesses.
Son Confesseur étoit son confident.
Elle mêloit le divin au profane,
Et s'ennuyoit majestueusement
Entre les bras de son auguste Amant,
Reine le jour, & la nuit Courtisanne.
Sa Grandeur même étoit son châtiment.

Mais laissons-là mon siècle pour le vôtre.
Est-on plus doux, plus sage ou plus heureux ?

Cet âge-ci l'emporte-t-il ſur l'autre?
Les ſots toujours ont-ils le ſort pour eux?
Fait-on des loix exprès pour les enfreindre?
S'égorge-t-on dans ce tems comme au mien?
Les Rois encor ſe brouillent-ils pour rien,
Et les bigots ſont-ils toujours à craindre?
Peut-on penſer, écrire impunément?
Quel bien a fait votre Encyclopédie,
De vos progrès éternel monument?
Vous apprend-elle à chérir la Patrie,
A devenir un plus ſenſible Amant,
Un fils plus tendre, à ſurmonter l'envie,
A vous mieux battre... à ſouper plus gaîment?
Car les ſoupers ſont l'ame de la vie,
Et ſont les fruits d'un bon gouvernement.

Un mot encor: ſi vous voulez me plaire,
Dépêchez vîte au vieux Anacréon
Qui fit Mérope & fut mon légataire.
Envoyez-lui les vœux de Saint-Aulaire,
De Charleval, du Prieur d'Oleron.
Dites-lui bien qu'on lui garde une place
Entre Lucien, Sophocle & Cicéron;
Qu'on y lira ſes vers ſi pleins de grace,
Et qu'il ſera couronné par Ninon.
Mes yeux ont vu cet aſtre à ſon aurore;
J'ai vu bientôt ſon eſſor plus hardi.

Ses derniers feux étincellent encore ;
Et ſon couchant reſſemble à ſon midi.
Ah ! de ma part conſolez ſa vieilleſſe,
Et mandez-lui qu'il a bien deviné ;
Qu'au tribunal de l'auguſte ſageſſe
Pécheur aimable eſt toujours pardonné ;
Qu'elle tolère un tant ſoit peu d'ivreſſe,
Un Vers malin, un Couplet bien tourné,
Et l'amour-propre, & même une Maîtreſſe ;
Que l'on peut rire, & qu'on n'eſt point damné.

A LA LUNE.

DES Nuits fantaſque Souveraine,
Toi, qui d'abord en beau croiſſant,
Parois sous un dôme d'ébène,
Et vas toujours t'arrondiſſant:
Ecoute un fou qui de ta grace
Plus d'une fois fut enchanté,
Et qui, s'égarant ſur ta trace,
Au doux rayon de ta clarté,
Aime à pourſuivre dans l'eſpace
Ta vagabonde majeſté.
Quoique le jour te diſcrédite,
J'ai beaucoup de reſpect pour toi,
Depuis que j'ai ſçu qu'on t'habite,
Qu'on extravague ſous ta loi,
Que tu contiens dans ton orbite
Des maiſons, des clochers qu'on cite,
Des Curés prêchant pour la foi,
Et quelque choſe qui s'agite;

Qu'enfin chez toi l'on trouve auſſi
Plus d'une Nymphe blonde ou brune,
Et, que tout ce qu'on fait ici,
On peut le faire dans la Lune.
Dans ſes loiſirs intéreſſans,
Autrefois le bon Fontenelle,
Fit de l'eſprit à tes dépens,
Et t'accabla comme une belle
De Madrigaux aſſoupiſſans.
Tu t'es, je crois, bien amuſée
Des phioles de Cyrano,
Ce Philoſophe en domino,
Digne d'eſtime & de riſée.
Je ne veux point en vérité,
Comme ce Bergerac vanté,
Dans les airs m'ouvrant un paſſage
Au gré d'un mobile aimanté,
Chez toi faire un ſecond voyage:
Mais je prétends ſans verbiage
Avec toi conclure un traité.
Du globe appellé ſublunaire
Je ſuis Plénipotentiaire,
Par d'illuſtres fous député,
Et nous pouvons parler d'affaire.
Voici le fait. Certain Lutin,
Qui, voyageur très-volontaire,

Sur un beau rayon gris-de-lin,
Va galoppant dans l'Atmoſphère,
M'a dit à l'oreille, un matin,
Qu'il te trouve un peu ſolitaire.
Trop peu de gens meublent ta ſphère;
A mon gré ce monde eſt trop plein,
(Les ſots ſont foule ſur la terre)
Et je voudrois avec raiſon,
Sauf cependant l'avis d'un autre,
Accrocher à ton tourbillon
Ce qui m'a choqué dans le nôtre.
On dit qu'on mene tout à bien
Avec la puiſſance attractive:
J'aurai beſoin de ce moyen
Pour que, ſans te fruſtrer de rien,
Par les airs notre envoi t'arrive.
Mais convenons: je te préviens,
Sans vouloir employer la ruſe,
Que ſur ce globe je retiens
Tout ce qui l'inſtruit, ou l'amuſe;
Les bons écrits, les jolis riens,
Nos beaux eſprits ſans inſolence,
Nos agréables libertins,
Nos convives ſans pétulance,
Quelques-unes de nos Catins;
La ſageſſe, l'étourderie,

Le ton, la grace & les travers
De notre bonne compagnie,
Les grands livres, les petits vers,
Zadig, & l'Encyclopédie;
Nos Moralistes consommés,
Nos Silphides aux goûts fragiles,
Bâtissant à nos yeux charmés
Les édifices emplumés
De leurs coëffures volatiles:
Les airs de Gluck & de Floquet,
Les arts, les loix, les ariettes,
Buffon, Jean-Jacques & Gresset,
Nos connoissances, nos bluettes,
Ce qu'on admire & ce qui plaît,
Et les *Penseurs*, & les Coquettes.

Dût la clause avoir des frondeurs,
En la tenant, fais ton partage.
Attire à toi ces beaux diseurs,
Plaisans surannés d'un autre âge,
Et les martyrs du persiflage,
Dont ils furent les inventeurs;
Ces Poëtes de fantaisie,
Guerriers, Amans, Auteurs benins
Qui, dans leur noble frénésie,
Font gémir de leurs Drames nains
Les tréteaux de la Bourgeoisie;

Ces Colonels Légiſlateurs,
Qui, fiers de leurs doctes proueſſes,
Dreſſent un Code pour les mœurs
Dans le boudoir de leurs Maîtreſſes:
Tous ces eſpiegles clandeſtins
Dont la Muſe très-occupée
Fait de petits extraits malins
Pour s'élever à l'Epopée;
Ces Athletes infortunés
Qui, ſe préſentant ſur l'arène,
De linceuls encapuchonés,
Riſquent au grand jour de la ſcène
Leurs funèbres colifichets,
Et du noir charbon des Anglois
Ont barbouillé leur Melpomène.
Prends encor, prends ſi tu le veux,
Ces Oreſtes ſi langoureux,
Aux ſens flétris, aux cœurs malades,
Qui, très-paſſionnés pour eux,
Sont de glace pour leurs Pilades;
Ces Bouffons cités & courus,
Qui penſent enchanter la Ville,
Et prennent le beguin de Gille
Pour la couronne de Momus;
J'ai lu, je ne ſais quel Sage,
Que chez toi l'on dort ſobrement,

Mais fais-y lire quelque ouvrage
De nos Zoïles d'à présent,
On y dormira davantage ;
Pour cet effet ils sont divins,
Et tout veut que je t'en réponde.
Un feuillet de ces Ecrivains
Suffit pour assoupir un Monde.
  ENFIN, si cette offre te plaît,
Elève à toi ces beaux génies
Qui te conviennent tout-à-fait.
Ces Peuplades, ces Colonies,
Se formeront dans le trajet,
Et c'est un Univers tout fait,
Qui dans le tien trop imparfait,
Va fonder des Académies.

AUX POETES MODERNES.

AMANS des Muſes, pauvres diables,
Qui courez à la gloire au milieu des ſifflets,
Et qui vivez bien miſérables
Dans le riſible eſpoir de ne mourir jamais;
Vous arrivez trop tard : Apollon ſe repoſe,
Il laiſſe pendre aux chênes d'Hélicon
Sa vieille couronne de roſe.
Dans l'âge heureux de la raiſon
On n'eſt plus rien que par la proſe.
La rime agoniſante a perdu ſon renom;
Au beau Sexe lui-même elle ceſſe de plaire;
Témoins nos Femmes du bon ton.
Un Luth galant ne ſauroit les diſtraire.
De la Maîtreſſe de Cléon
J'ai vu gémir la chiffonniere
Sous le grave poids d'un Bâcon.

Locke enivre Chloé, Liſe la Minaudière,
Anone doctement Colins & Warburton,
N'applaudit, n'admire Voltaire
Que quand il explique Newton,
Ou raiſonne ſur la lumière.
Doris raffole de Platon,
Découvre un Monde imaginaire,
Avec Deſcarte habite un tourbillon,
Goûte Tycobrahé, veut expliquer la Sphère,
Et croiroit déroger en liſant Pavillon.
QU'ÊTES-VOUS devenus, Hôtel de Longueville,
Boudoirs de Sceaux, Jardins d'Anet?
Les jeux aux vrais talens ouvroient ce triple aſyle:
La riante beauté ſans orgueil y brilloit,
Et la Muſe la plus facile
Etoit celle qu'on accueilloit.
Dans un Temple charmant que le goût ſe rappelle,
Et dont lui ſeul étoit le Dieu,
L'Amour avoit une Chapelle
Que deſſervoit le Grand-Prêtre Chaulieu,
Pontife un peu goûteux, mais célébrant fidelle,
Et digne en tout des Prêtreſſes du lieu.
Là, jamais n'entra la Sageſſe
A moins qu'elle n'eut pris un hochet à la main,
Et ne ſemât des fleurs ſur le chemin
Qui mène l'homme à la vieilleſſe.

On

On n'y diſoit pas quatre mots
Sur la cherté des grains ou les effets royaux.
Les Miniſtres régnans, leur faveur, leurs diſgraces
Ne venoient point attriſter les propos.
En chœur on y buvoit aux graces,
Ou, s'il étoit aimable, on chantoit un héros.
Aujourd'hui, quelle différence!
L'ennui préſide à nos repas,
On n'y rit plus, on n'y boit pas,
Mais on diſſerte, mais on penſe:
Des buveurs d'eau la froide engeance
Oſe armer Comus d'un compas,
A ſes côtés fait aſſeoir l'abſtinence,
Et régle à l'entremets le deſtin des Etats.
Et puis, faites des Vers! partout de froids Ariſtes,
Des gens ſobres, des Protecteurs!
Citez-moi, s'il vous plaît, deux accidens plus triſtes
Que des dîners d'Agriculteurs
Et des ſoupers d'Economiſtes (*).
J'aime les Fous à table, & non pas les Docteurs.

(*) Cette plaiſanterie ne peut regarder les Chefs de cette Société, vraiment eſtimables par leurs travaux & par leurs intentions; j'aime à profiter de leurs lumières, & je m'honore de leur amitié. On n'attaque que l'abus du bien, & non le bien lui-même.

A L'AMOUR.

TOI que je ſers dès ma tendre jeuneſſe,
Doux impoſteur, qui m as ſeul occupé,
Qu'on aime encor lorſqu'on en eſt trompé,
Prête l'oreille aux vœux que je t'adreſſe.
  MON malheur naît de ma félicité.
Celle que j'aime, Elmis a tous les charmes,
Dans ſes regards ſe peint la volupté :
Pour vaincre mieux tu lui remis tes armes :
Là, c'eſt la grace ; ici, c'eſt la beauté.
Dès qu'on la voit, une ſoudaine ivreſſe
Agite l'ame, & court dans tous les ſens.
Le cœur ému recueille ſes accens :
Sa voix ſéduit ; ſon ſilence intéreſſe.
Dons ſuperflus ſans celui des deſirs !
Ce feu, ce trouble, où leur bienfait nous laiſſe !
Heureux tourment !... qui manque à ma Maîtreſſe !...
Elmis a tout, excepté les plaiſirs.

À SES côtés quand mon ame brûlante
S'abandonnoit à ſon raviſſement,
Elmis, hélas! languiſſoit dans l'attente:
Ses ſens trompés trompoient mon ſentiment;
Et ſa tendreſſe inquiette & tremblante
Rêvoit le bien que goûtoit ſon Amant.
Quoi! mon Elmis, & ſi jeune & ſi belle,
Ne peut ſaiſir ta plus chere faveur!
On l'idolâtre, on lui doit ſon bonheur!
Et le bonheur n'exiſte pas pour elle!
Quand mes baiſers dévoroient ſes appas,
D'un ſein naiſſant quand les roſes timides
Diſparoiſſoient ſous mes lèvres avides,
Quand le plaiſir m'enchaînoit dans ſes bras:
Dans ces momens d'ivreſſe & de féerie,
Où l'ame échappe & va s'ouvrir les Cieux;
Dans ces momens, où l'Amante embellie
Par l'abandon le plus voluptueux,
Meurt & renaît, retombe anéantie;
Renaît encor, donne & reçoit la vie....
Dans ces momens, quoi! j'étois ſeul heureux!
Elmis!... ô Ciel!... ſa froideur eſt mon crime:
N'inſpirant rien, je n'ai rien mérité.
Son cœur attend qu'un autre cœur l'anime.
Tous les plaiſirs ſont faits pour la beauté;
Et ſi l'Amour, ſi l'Amour en colère

Avoit formé d'inſenſibles appas,
L'Amant eſt Dieu du moment qu'il ſait plaire;
Il doit créer ce qui n'exiſte pas.
  Sois libre, ordonne, ô ma belle Maîtreſſe!
Reprends ton cœur ſi ton cœur s'eſt trompé.
Par d'autres vœux ce cœur préoccupé
N'eſt point à moi puiſqu'il eſt ſans ivreſſe:
Mon trône, hélas! n'eſt qu'un trône uſurpé.
  Pardonne, Amour, un tranſport qui l'offenſe!
De quoi ſe plaint mon eſprit égaré?
A mes Rivaux ſon choix m'a préféré:
Je vois encore un rayon d'eſpérance.
Sers un Amant, & tout eſt réparé.
Dans ce moment, ta chaleur renaiſſante
Vit ſous les eaux, court embrâſer les Cieux,
Le deſir règne, & peut-être ſes feux
Vont ſe gliſſer au ſein de mon Amante.
Pour confirmer ces rêves enchanteurs,
J'irai ce ſoir, oui, j'irai la ſurprendre
Sous ces boſquets, ſous ces voûtes de fleurs,
Où tant de fois mon amour vint l'attendre.
De l'air plus doux les ſuaves odeurs,
L'azur des Cieux plus tranquille & plus tendre,
Je ne ſais quoi que tu pourras m'apprendre,
L'ombre & la paix, le ſilence & mes pleurs
L'inviteront au plaiſir de ſe rendre.

J'implore alors tes utiles faveurs :
Alors, caché ſous le ſombre feuillage,
Au-deſſus d'elle agite ton flambeau ;
Des Roſſignols échauffe le ramage ;
Inſtruis l'Amant, enchante le berceau,
Et donne une ame à ton plus bel ouvrage.
Mes vœux, Amour, doivent être les tiens.
Fais-toi connoître à celle que j'adore ;
Je ne veux point d'un bonheur qu'elle ignore :
Rends-lui des ſens, ou, prive-moi des miens !

A
LA NOUVELLE HÉBÉ.

Il eſt une Hébé douairière,
Qui verſe à boire dans les Cieux,
Va promenant, de Dieux en Dieux,
Et ſa guirlande, & ſon aiguiere,
Et ſa jeuneſſe ſéculaire.
Moi, je connois Hébé d'Hervieux,
Qu'à ſon ancienne je préfère.
Semblable à la fleur printannière,
A l'Amour, quand il a des yeux :
Son ſourire fait des heureux,
Jugez, ſi ſon cœur en doit faire.
Paroît-elle ? on eſt amoureux ;
On ſoupire, en attendant mieux :
Elle nous tient par mille nœuds,
Et nous enivre ſur la terre.
Toi, dont la grace eſt le ſeul fard,
Toi, la ſeule Hébé que j'adore,

Je t'écris ces Vers au hazard,
Et j'ai tant pris de ton nectar,
Que la tête m'en tourne encore.
Joli minois, esprit charmant,
Babil qui plaît par sa finesse;
Dans toi, tout séduit, intéresse,
Tout décéle ce sentiment
Qui sert d'excuse à la foiblesse,
Et de nouveau piége à l'Amant.
Eh! dis-moi donc; l'Hébé qu'on cite
A-t-elle ces vives couleurs,
Ce teint qui fait pâlir les fleurs,
Qui les efface ou les imite?
A-t-elle ce port, ce maintien,
Ce front où la gaîté respire;
Ces beaux yeux qui disent si bien
Ce que ton ame leur fait dire?
Cette taille aux légers contours;
Et ce pied, délicat augure
Qui donne au desir la mesure
Du sanctuaire des amours?
A-t-elle enfin par excellence
Ces mouvemens si déliés,
Ces balancemens variés,
Et mesurés par la cadence;
Ces bras flexibles, cette aisance,

Ces pas avec art mariés,
Et la fouplefſe de ta danſe ?
RIANTE image du Printems,
Triomphe ; Hébé te rend les armes :
Tu l'emportes par les talens ;
Et par le nombre de tes charmes,
Et par celui de tes Amans.
ALCIDE adora l'immortelle ;
Et, ſi ma mémoire eſt fidelle,
On lit, aux faſtes de Paphos,
Qu'il fêta tant de fois la belle
Que ce fut un de ſes travaux.
Je n'ai point d'orgueil ridicule :
Je t'avouerai de bonne foi,
Que je ne ſuis point un Hercule....
Mais, je le deviendrois pour toi.

LE PREMIER SENTIMENT.

A THÉMIRE.

Un goût paſſe, une fantaiſie
Fuit ſur les aîles du moment ;
Mais, Thémire, un vrai ſentiment
Laiſſe des traces ſur la vie.
De ce premier enchantement
L'ame en ſecret toujours remplie,
S'en diſtrait douloureuſement,
Et preſque jamais ne l'oublie.
Lui ſeul, hélas! eſt le bonheur ;
Chaque plaiſir qui le remplace
N'eſt qu'une rapide lueur
Qui n'arrive point juſqu'au cœur ;
Un rien la forme, un rien l'efface.

Je l'avouerai, jusqu'à ce jour,
Préoccupé de ton image,
J'amusai mon esprit volage,
Pour garder mon cœur à l'amour.
Ses feux ont dormi sous la cendre,
Un souffle peut les rallumer;
Et l'habitude de t'aimer
Peut facilement se reprendre.
L'amour n'est point encor dompté,
Ou du moins il ne doit pas l'être,
Quand le tems n'a rien emporté
Des traits charmans qu'ils ont fait naître.

MES ERREURS.

PAUVRES Muſes, que je vous plains!
Les teintes ſombres de la haine
Ont défiguré vos jardins,
Et noirci votre eau d'Hyppocrène.
Faut-il vous fuir? Ciel! que j'en veux
A ma Janſéniſte de Tante!
Emporté par mes premiers vœux,
Je méditois un vol heureux
Vers une gloire plus brillante.
Vous, toujours préſens à mon cœur,
Héros que Vénus favoriſe,
Et dont elle aime la valeur,
Parmi vous régnent la franchiſe,
La loyauté, la bonne humeur.
L'amitié, l'amour & l'honneur,
Telle eſt, je crois, votre deviſe.

Ma vieille Tante s'en moqua ;
Et, de par Quesnel, me damna.
J'étois sous sa tutelle austère :
Il fallut subir ses décrets,
Et quitter l'école guerrière
Que me rappellent mes regrets.
Adieu mes belliqueux projets !
Adieu la palme militaire
Et mes combats & mes succès !
Force invisible ! ô providence !
Quels sont tes décrets absolus !
Peut-être, sans Jansénius,
J'eusse été Maréchal de France.

Tous mes beaux rêves disparus,
L'ame vuide & désoccupée,
Je reportois un œil confus
Sur toute ma gloire échappée :
Mes vœux flottoient irrésolus.
Des camps transfuge involontaire,
L'honneur encor me rappelloit ;
Le myrte ne me flattoit guère :
C'est un laurier qu'il me falloit.

Tout-a-coup, sous un Ciel perfide
D'où jaillissent mille rayons,
Je vois resplendir les beaux noms
Et de Sophocle & d'Euripide.

Gravés par le burin d'un Dieu,
Dans un cadre qui s'illumine,
Je vois briller en traits de feu,
Ceux de Corneille & de Racine.
La tranquille immortalité,
Au-dessus de ces noms célèbres,
Planoit avec sérénité,
Et, versant des flots de clarté,
Chassoit les augustes ténèbres
Qui couvrent la postérité.

ENTOURÉ de tous les prestiges,
Eclos d'un esprit enflammé,
Je ressens les premiers vertiges;
D'un poignard, mon bras est armé;
Ma tête enfante des prodiges,
Et voilà mon cœur allumé.
Dans mon cabinet solitaire,
Je soupire en sons cadencés,
J'évoque des mânes glacés,
Et je leur donne un caractère.
J'habille un spectre de lambeaux;
Il perce une longue enfilade
De voûtes sombres, de flambeaux,
Et vient tout exprès des tombeaux,
Pour débiter une tirade,
Et faire peur à mon héros.

J'ordonne : un ouragan s'élève ;
Les vents font bouillonner les eaux ;
L'éclair part, le nuage crève :
L'abîme engloutit les vaiſſeaux.
Hélas ! rien échappe à l'orage,
Si ce n'eſt un Prince charmant,
Qui, plein d'amour & de courage,
Traverſe l'humide élément,
Et, tout tranſi, vient à la nage,
Pour réchauffer mon dénoûment.

On affiche le phénomène,
Et c'eſt alors que par degrés,
La raiſon enfin me ramène,
Et parle à mes ſens égarés.
A mes yeux que la foudre éclaire,
Déjà ſe couvre d'un brouillard,
Cette éblouiſſante atmoſphère,
Ce pur océan de lumière,
D'où les Maîtres fameux de l'art
Lancent leurs rayons ſur la terre.
Au lieu de jardins couronnés
Par les palmes les plus fleuries,
Je vois des bords abandonnés,
Où mille ſerpens déchaînés
Sifflent à travers des orties ;
Je vois des guirlandes flétries,

Quelques lauriers infortunés,
Que se disputent des Furies,
Et de leur souffle empoisonnés.

FRAPPÉ de cette horrible image,
Battu des flots, triste & rêveur,
J'errois seul le long du rivage :
Soudain, s'échappant d'un nuage,
Une Muse, au ton séducteur,
Se présente sur mon passage.
« Fuis, me dit-elle : pour jamais
» Quitte les hauteurs du Parnasse ;
» Mais prends la clef de ses bosquets,
» Que je fis planter pour Horace ».

JE crus la Muse, & m'enfonçai
Sous ces mystérieux ombrages,
Où l'on revoit encor tracé
Le nom des plus aimables Sages.
Cherchant dans ce paisible lieu
La route la plus détournée,
Sous les regards même du Dieu,
Je ramassois, de son aveu,
Quelque fleurette abandonnée
Ou par Chapelle, ou par Chaulieu.

CE calme, hélas ! ne dura guères :
Jaloux de ma sécurité,
Bientôt on vint de tout côté

Flétrir les roses éphémères,
Dont je couronnois la beauté.
Au lieu des paisibles Bergères,
Compagnes de ma liberté,
Je vis mon asyle agité
Par les Bacchantes littéraires,
Qui vinrent troubler les mystères
Du Dieu charmant que j'ai chanté.
Moins sensible, on devient plus sage.
Las d'être ainsi persécuté,
Je me sauvai par la gaîté,
Et quelques mots de persifflage.
Dans les frivolités d'usage,
J'égarai mes vœux étourdis;
Je fus amoureux & volage;
On me trompa, je le rendis.
A nos mœurs pliant mon génie,
Au hasard promenant ma foi,
Je fis sonner autour de moi
Tous les grelots de la folie.
Des amateurs les plus hupés,
Je bravai les ligues secrettes,
Et la justice des toilettes,
Et l'anathême des soupés.
Je fis des Drames lamentables,
Des Vers malins, des Madrigaux,

Et des Epitres fort coupables,
Où j'ôtois le masque à des sots,
Assurément très-respectables.
Nouvelles amours, Vers nouveaux:
De mes jours c'étoit le systême,
Et j'avois un plaisir extrême
A me moquer de mes travaux.
Qu'il est insensé, qu'il est dupe,
Celui qu'attriste son talent!
Tant qu'il amuse, il est charmant:
Il perd son prix, dès qu'il occupe.

QUELS attraits a donc ce vain bruit
Que l'on appelle Renommée?
Ah! trop souvent cette fumée
Egare ceux qu'elle séduit.
Un Citoyen époux & père,
Disoit un jour avec regret:
Jusqu'à présent je n'ai rien fait,
Et j'avance dans ma carrière;
Mon siècle à peine me connoît.
Tu n'as rien fait, lui dit un Sage,
Qui ne l'étoit point à demi!
Quoi! n'as-tu point dans son naufrage,
Aidé quelquefois ton ami,
Et cultivé ton héritage?
N'as-tu point joui de tes sens,

Du témoignage de ton ame,
Vu le ſourire de ta femme,
Et le bonheur de tes enfans?
Eh! vis, ſavoure l'exiſtence;
Sois bon, ſenſible, généreux;
Apprends ſurtout l'art d'être heureux:
Voilà de l'homme la ſcience:
Tu n'as rien à faire de mieux.

J'ENTENS d'ici crier nos Maîtres:
« Les beaux conſeils! tout eſt perdu!
» Eh quoi! dans *l'échelle des êtres*,
» On ſouffre un tel individu! »
MA confuſion eſt extrême:
Mais, j'en conviens naïvement,
Rebelle à leur pouvoir ſuprême,
Et frivole profondément,
J'ai mérité cet anathême.
Car enfin, tout bien calculé,
Eſt-il démontré que je penſe?
Ai-je, Economiſte zélé,
Riſquant des calculs d'importance,
D'écrits ſolides ſur le blé,
Alimenté toute la France?
Le vent, de Montmartre à Pantin,
Grâce à mon art ſcientifique,
Fait-il tourner un ſeul moulin

Qui soit sorti de ma fabrique ?
Qu'est-ce qu'on m'a vu concevoir
Pour les progrès de la culture ?
Ai-je inventé quelque semoir ?
Et qu'ai-je dit sur la mouture ?
Sans titres, m'arrogeant des droits,
Ai-je, plein d'une noble audace,
Commenté le texte des loix,
Et donné des leçons aux Rois,
Qui n'aiment pas qu'on leur en fasse ?
J'interdis à mon Apollon
Le dédale diplomatique,
Et laisse le corps politique
Vaciller dans son tourbillon ;
Je ne connois point cette emphase
Qui met les têtes à l'envers,
L'art d'enfermer dans une phrase,
La Morale de l'Univers :
Dans ses folles métamorphoses,
Mon esprit, errant au-dehors,
Ne sait point saisir les rapports,
L'ensemble harmonique des choses,
Et leurs invisibles accords.
Mais je fais rire en récompense,
Et même rire à mes dépens ;
Tous les matins, dans le silence,

Je vais brûler un grain d'encens
Sur l'autel de la tolérance :
Je perſiffle avec aſſurance,
Ces Egoïſtes ſourcilleux
Qui ne permettent pas qu'on penſe,
A moins qu'on ne penſe comme eux.
Trop fier pour deſcendre à l'intrigue,
Je fuis les ſentiers tortueux :
La palme qu'emporte la brigue
Ceſſe d'en être une à mes yeux.
L'ombre du crédit m'importune :
Loin de courtiſer la faveur,
Si je veux rencontrer un cœur,
Je le cherche dans l'infortune.
Je ne me laiſſe point charmer
Par l'éclat d'un luxe ſtérile ;
Plus mon ami peut m'être utile,
Moins j'ai de plaiſir à l'aimer.
J'honore les rangs & les titres,
Mais ſans jamais m'en étayer :
Au coin de mon humble foyer,
Mes ſentimens ſont mes arbitres,
Et je m'appartiens tout entier.

QUANT à cette vertu ſecrette,
A ce méchaniſme caché
Qui fait rouler notre Planette,

Je n'en ſais rien, la choſe eſt nette,
Et n'en ſuis point du tout fâché :
Ma raiſon, qui de ſoi diſpoſe,
Sans tous ces calculs imparfaits,
Sur l'ordre établi ſe repoſe,
Et je profite des effets,
Sans trop analyſer la cauſe.
  PENSEURS célèbres, pauvres gens,
Qui, ſur le ſyſtême du monde,
Balbutiez vos argumens,
Et dont l'ignorance profonde,
Depuis plus de quatre mille ans,
Des mêmes erreurs nous inonde,
Sous mille titres différens!
Vous m'amuſez bien, je vous jure,
Et j'aime votre ſérieux,
Lorſque, rêvant à l'aventure,
Chacun de vous, à qui mieux,
Croit deviner la contexture
De ce globe myſtérieux,
De ce grand corps de la nature
Dont le Moteur eſt dans les Cieux.
Cette ame partout répandue,
L'un dans le feu croit la trouver :
L'autre ſoutient, & croit prouver,
Que c'eſt l'eau qui la diſtribue.

Cet autre, bavard éternel,
Adopte l'air qui l'environne
Pour le mobile univerſel,
Et s'en nourrit, quand il raiſonne.
Celui-ci ſe bat pour le plein :
Celui-là ſe perd dans le vuide.
Au grand tout, chef-d'œuvre divin,
L'un veut que le hazard préſide :
L'autre y ſoupçonne du deſſein.
Tantôt la matière engourdie
Eſt brute oiſive & ſans reſſort;
Et tantôt, pleine d'énergie,
L'Univers lui doit ſon accord.
Eh! de cet embarras extrême,
Qui vous empêche de ſortir?
Adorez un Etre ſuprême,
Sans chercher à le définir :
Qu'il ſoit de tout cauſe première;
Qu'il anime les élémens,
Sème dans les airs tranſparens
Les globules de la lumière,
Et nous la jette par torrens;
Qu'il ait une puiſſance entière
Sur la mort, la vie & le tems:
Dès-lors, raiſonneurs inutiles,
Si par lui tout eſt dirigé,

Reposez-vous, dormez tranquilles :
Voilà votre globe arrangé.
MAIS que fais-tu, Muse perfide,
Muse rebelle à mes leçons ?
Arrête à la voix de ton guide ;
Crains le souffle des aquilons.
Laisse, laisse l'aigle intrépide
S'élancer au sommet des monts,
Et rase, hirondelle timide,
L'étang qui dort dans nos vallons.
Malgré le zèle qui t'inspire,
Tes efforts sont foibles & vains ;
Satisfaits d'aimer les Humains,
N'aspirons point à les instruire.
REVENEZ vîte, revenez,
Amour, séduction, folie !
Les liens dont vous m'enchaînez
Me font seuls tenir à la vie.
Vous que j'adore, êtres charmans,
Dont l'image seule intéresse,
Qui jouez avec le printems,
Réchauffez l'automne des ans,
Et ressuscitez la vieillesse,
Disposez de mes sens troublés ;
Belles Circés, tendres Syrènes,
Ah ! commandez en souveraines,

Et trompez-moi, si vous voulez.
Vous savez changer en délices
Les peines dont nous soupirons :
Malheur aux trop prudens Ulysses
Qui ferment l'oreille à vos sons !
Parez de fleurs mes avirons,
Et qu'au sein des plaines profondes,
Bercé par vos illusions,
Mon vaisseau glisse sur les ondes,
Au bruit flatteur de vos chansons !

D'une rêverie inquiette,
Ne suivons point l'égarement.
Dans l'avenir dès qu'on se jette,
On fait un larcin au présent.
Songeons, lorsque le jour commence,
A l'embellir jusqu'à la fin :
Gardons toujours une espérance,
Pour l'opposer au noir chagrin,
Pour les revers un front serein,
Pour l'instant une jouissance,
Un desir pour le lendemain.

A DÉLIE.

QU'UN autre chante les faveurs,
Le prix, dont ſa flamme eſt ſuivie,
Pour moi, jeune & belle Délie,
Je rendrai grace à tes rigueurs.
Par toi mon ame eſt rajeunie;
Je retrouve mes premiers feux,
Mes ſoins, mon trouble, ma folie;
Je crains, j'attends, je me défie;
Je ſuis agité, furieux....
Ah! combien je te remercie
De me rendre ſi malheureux!
Une volage indépendance
Egaroit mes vœux indécis,
Et j'avois beſoin, j'en rougis,
Des froids plaiſirs de l'inconſtance.
Aujourd'hui quelle différence?

Je ſuis fidèle.... ſans bonheur!
Tu viens de me créer un cœur,
Pour mes ſens tout eſt jouiſſance.
Il eſt revenu l'enchanteur
Qui met un prix à l'exiſtence
Qui prête un charme à la douleur,
Et nous retient par l'eſpérance.
J'AI cru long-tems que la gaîté
Pourroit me fixer par ſes charmes,
Mais le rire eſt ſans volupté:
Peut-être eſt-elle dans les larmes.
Long-tems j'ai vu ſans nul effroi
La foule encenſer ma Maîtreſſe;
Aujourd'hui la foule me bleſſe;
Aujourd'hui, félicite-moi,
Tout y déplaît à ma tendreſſe;
Tout m'y dépite contre toi.
Je hais les Vers qu'on vient te lire,
Ton doux parler, tes doux propos;
J'abhorre juſqu'à ton ſourire,
S'il eſt vanté par mes rivaux.
UN ſommeil peſant & ſtupide
Jadis de ſes triſtes vapeurs
Enveloppoit mon ame aride,
Et m'accabloit de ſes langueurs;
A préſent du moins la nuit même

M'enflamme & m'agite à ſon tour ;
Plus de repos depuis que j'aime ,
Tous mes inſtans ſont pour l'amour ,
Ou ſi je m'endors , ma Délie ,
Un ſonge me rend mes fureurs ,
Mon ivreſſe & ma jalouſie. . . .
Je trouve partout les malheurs
Qui font le charme de ma vie!

AU
CHEVALIER BONARD.

Toi, qui pour battre la Raiſon
Pris les hochets de la folie ;
Toi, qui promets à ta Patrie
Le philoſophique abandon,
Les mœurs, l'aiſance & le génie
Du pareſſeux Anacréon ;
J'ai lu vingt fois tes Vers aimables,
Par le goût même ils ſont polis ;
Chapelle en faiſoit de ſemblables,
Je ſouffre moins, quand je les lis.
  Oui, le premier tréſor du Sage,
Je le ſens bien, c'eſt la ſanté ;
Sans elle, il n'eſt plus de bel âge,
Sans elle, adieu la volupté !

Dans un corps que le mal ravage ;
En dépit de ſa dignité,
L'ame joue un ſot perſonnage,
Et l'œil de la Divinité
Y cherche à deux fois ſon image.
QUANT à l'Amour, ce cher Vaurien,
Il fuit les rideaux d'un Malade,
Pour aller faire une eſcapade
Près de ceux qui ſe portent bien ;
Le frippon eſt toujours le même
Toujours volage, & ſans pitié :
Mais ſi je m'en vois oublié ;
S'il déſeſpère un cœur qui l'aime ;
Dépendant ſans être lié,
Je foule à mes pieds ſes guirlandes,
Et je tranſporte mes offrandes
Sur les Autels de l'Amitié.

A UN SUISSE.

SUISSE maudit, laiſſe-toi donc fléchir ;
Ouvre un moment ; es-tu ſourd ? Qui t'arrête.
Des toîts bruyans la grêle bat le faîte ;
De traits perçans le froid vient m'aſſaillir ;
Eole exprès déchaîna la tempête.
Sois moins cruel, & viens à mon ſecours.
Léger de poids, délié d'encolure,
Je puis paſſer par la moindre ouverture,
Et de côté ; j'en rens grace aux amours ;
Ils peuvent tout : ce ſont eux dont l'adreſſe
Du jeune Amant tient les pas ſuſpendus,
Lorſqu'à travers les piéges des Argus,
Il ſait trouver le lit de ſa Maîtreſſe.
Viens, hâte-toi ; je marcherai ſans bruit,
Et ſans frayeur : pour l'aſſaſſin lui-même
On eſt ſacré, du moment que l'on aime.
L'audace inſpire & le deſir conduit.

Le traitre !... il dort, quand je me déſeſpère.
Ah ! cœur de bronze ! ainſi tes ſoins jaloux
En pleine paix me déclarent la guerre !
Que t'ai-je fait ? . . . enflammé de courroux,
Viens-je briſer les gonds & les verroux ?
Viens-je, à main forte, écarter la barrière
Que l'on oppoſe à mes vœux les plus doux ?
Hélas ! je n'ai d'arme que la prière :
Privé d'appui, pour combattre à mon tour,
Je ſerois ſeul, ſans ce frippon d'Amour,
Dont, par malheur, je ne puis me défaire.
La nuit s'avance. . . Ouvre. . . . c'eſt trop prier,
Puiſſant Borée, exhale ta furie ;
Abbats la porte, & ſurtout le Geolier !
Pour me ſervir, ſouviens-toi d'Orithie ;
Tu l'adorois, tu n'as pu l'oublier.
J'implore ici tes fougueuſes haleines.
En ma faveur ton courroux doit s'armer ;
Quand tu le veux, tu renverſes des chênes,
Venge un Amant, puiſque tu ſais aimer.

Ciel ! qu'ai-je dit ? quel ſouhait téméraire !
Des fiers Autans impitoyable Roi,
Duſſent tes coups ſe tourner contre moi,
N'éveille pas la beauté qui m'eſt chère.
Ravage tout ; mais reſpecte ces lieux :
Fuis, fuis loin d'elle ; & vous, roſes naiſſantes,

Qui de Zélis deviez parer le ſein,
Aimables fleurs, vous, que ſa belle main
Devoit mêler à ſes treſſes flottantes,
Vous, ſeuls témoins d'un vœu mal exaucé,
De mes ſoupirs, de mon ardente ivreſſe ;
Par vos débris, ſymboles de triſteſſe,
Marquez le tems.... que j'ai ſi mal paſſé!

A

A THÉMIS.

Au tems de Rhée, en ces jours fabuleux,
Tu vins, dit-on, visiter notre Terre :
Mais l'Homme, hélas ! ébauché par les Dieux,
Sa cruauté, son orgueil, sa misère,
Tous les excès que le Soleil éclaire
T'eurent bientôt fait remonter aux Cieux.
Tu parus peu sous ce triste hémisphère.
Le siècle d'or fut celui des Brigands ;
Les fils alors dépossédoient leur père ;
Le bon Saturne avaloit ses enfans ;
Et toutefois, à consulter Ovide,
Sur tes Autels fumoit un pur encens ;
Du champ d'autrui l'on n'étoit point avide,
Toute l'année étoit un long printems,
Des flots de lait serpentoient dans les plaines,
Flore y fixoit les zéphirs inconstans,

Le miel couloit de l'écorce des chênes,
Et la campagne à l'Homme ami du bien
Prodiguoit tout, ſans qu'on y ſemât rien...
Ovide ment. Puis, croyez aux ſornettes,
Aux beaux diſcours de Meſſieurs les Poëtes.
Tu ſais la foi qu'on doit à leurs Romans.
Laiſſant ton nom & la fourbe à ta ſuite,
Toujours prônée, & toujours éconduite,
Voilà ton ſort dès le berceau des tems.

Quelques mortels (il faut pourtant le dire)
Qu'on diſtingua, qui nous ſont encor chers,
Par intervalle éclairant l'Univers,
L'auroient inſtruit, ſi l'on pouvoit l'inſtruire.
De Zoroaſtre, Adorateur du feu,
Tu ne hais point la brillante chimère.
Dans le Soleil il vit les traits d'un Dieu,
En jets de flamme imprimés ſur la terre.
Il ſe trompa.... tel eſt notre deſtin.
Les mœurs ſont tout, le reſte eſt arbitraire;
Et, comme toi, volontiers je tolère
Ecarts d'eſprit, quand le cœur eſt humain.

Confucius fut ton Apologiſte.
Son dogme eſt pur; ſa vertu n'eſt point triſte;
Il offre un guide a l'Homme infortuné,
Et, dût frémir plus d'un fier Caſuiſte,
Il vaut bien mieux que ceux qui l'ont damné.

Ce demi-Dieu mit quelque frein au vice ;
Mais, en dépit de ſon Légiſlateur,
Tu le ſais trop, le Chinois eſt voleur,
Et ce défaut gâte un peu la Juſtice.

MALGRÉ Solon, & ſon docte Sénat,
L'Athénien gaî, frivole & profane,
Sur ta Statue érige avec éclat
L'Autel impur de quelque Courtiſane,
Protége un Mime & ſiffle un Magiſtrat.
Quant à Licurgue, il ne ſauroit te plaire.
Son but eſt faux, ſon Code eſt meurtrier.
Il a l'eſprit d'un Moine attrabilaire
Dictant ſes loix dans un Cloître guerrier.
Rome en naiſſant eſt déjà tyrannique ;
Et de Numa le Rameau pacifique
Bientôt fait place à l'orgueil du laurier....
Je ne dis rien rien de Rome Apoſtolique.

JUSTINIEN ſaiſit le fil heureux
Qui le guida dans tes routes déſertes.
Il s'illaſtra par un Code fameux,
Vengea tes droits & répara tes pertes.
Peut-être auſſi j'en ferois mon Héros :
Mais de la vue il priva Bélizaire ;
Il fut ingrat, violent, ſanguinaire ;
Ses cruautés ont flétri ſes travaux.
En m'opprimant, qu'importe qu'on m'éclaire?

Que dirons-nous de ce fils d'Abdala,
Légiſlateur, Conquérant & Prophète,
Qui, ſe moquant de ta plainte indiſcrète,
Au nom du Ciel cent fois te viola;
Qui, dans le ſang, ſur de vaſtes ruines,
Le ſabre en main, au trône s'éleva;
Dans ſes loiſirs battoit ſes Concubines,
Fit quelques lois, ou plutôt les rêva,
Qui ſur l'erreur fonda ſon diadême,
Déshonora le Dieu qu'il fit parler;
Et cependant arrangea pour lui-même
Un Paradis.... où je voudrois aller!

Plus conſtamment le Peuple Britannique
T'oſa, dit-on, maintenir dans ſon ſein;
Je n'en crois rien: ce Peuple ſi divin,
Autant qu'un autre, eſt foible & fanatique.
Sage Thémis, tu n'auras point trempé
Dans ce complot, ce meurtre juridique
D'un de ſes Rois, que ſa main a frappé.
Cromwel n'étoit qu'un fourbe deſpotique,
Cru Citoyen ſur un trône uſurpé.
Ce Novateur, tout pêtri d'artifices,
Le maſque au front, le poignard au côté,
Sembloit céder un ſceptre enſanglanté,
Qu'il retenoit, en déguiſant ſes vices.
Ton nom par lui fut quelquefois cité,

Et, vrai Tyran, Protecteur affecté,
A force d'art s'entourant de complices,
Il trompa Londre, en criant liberté.
PIERRE mérite un renom plus auguste ;
Mais, trop ardent, il voulut tout forcer,
Et recueillir, avant d'ensemencer.
Pour être Grand, il cessa d'être Juste.
Il eut l'esprit, non le cœur d'un Héros.
Rectifiant les abus par des crimes,
Législateur entouré de victimes,
Sa palme est triste & croît sur des tombeaux.
TU le vois bien, partout, belle Etrangère,
Partout hélas ! tes affronts sont égaux.
Autant qu'il peut l'Espagnol t'est contraire,
Dans son Divan le Turc te fait la guerre,
Le Suisse à tort nous vante ses travaux ;
C'est te trahir, que d'être mercénaire.
Parmi ses joncs en proie à cent fléaux,
Souvent aussi le Hollandois rustique
A l'injustice ouvrit ses Tribunaux.
On dérangea son flegme économique,
Et, succombant à l'orgueil des Nassaux,
De Barnevell le cœur patriotique
T'implore envain sous le fer des Bourreaux.
EH ! parmi nous obtiens-tu plus d'empire ?
Si nous montons jusques aux premiers tems,

J'y vois des fous ou de vils fainéans,
Ton nom ſouillé, ton voile qu'on déchire,
De triſtes Rois, chicanés par des Grands,
Un trouble affreux, un aveugle délire,
De ſots Sujets, & de plus ſots Tyrans.
Chaque Seigneur, au gré de ſon caprice,
Créoit des lois, & rendoit la juſtice.
L'un s'en venoit, une pique à la main,
Et tout botté, ſiéger parmi des Moines:
L'autre, en ſurplis, gourmandoit des Chanoines,
Qui, pour leurs droits, ſe battoient en Latin.
En privilége érigeant les ſcandales,
De ſon Voiſin on troubloit le repos;
Fraudant l'Epoux par de galants impôts,
On moiſſonnoit l'honneur de ſes Vaſſales,
Et ſans ſcrupule on voloit ſes Vaſſaux.

Un règne alors n'étoit qu'une tutelle.
On vit depuis un grave Parlement,
Des mois entiers s'aſſembler avec zèle,
Pour aviſer & juger ſainement
Si Jeanne d'Arc étoit vraiment Pucelle,
On te pouvoit ſervir plus décemment.

Convenons-en: au ſein de ma Patrie,
Même tes Chefs t'ont par fois avilie.
Mais, c'en eſt fait; voici des jours nouveaux.
Plus fortuné, le Peuple te deſire.

L'économie, appui de ton Empire,
Introduit l'ordre au milieu du chaos:
Sully renaît, Machiavel expire.
Le bon eſprit va nous faire oublier
Les longs excès de l'eſprit financier.
Des Citoyens s'arment pour le détruire.
De ſes deſtins juſtifiant l'éclat,
Un Sage heureux, qui ſait inſtruire & plaire,
En ſe jouant, a, d'une main légère,
Sçu démêler les rênes de l'Etat.
Avec adreſſe il oſe enfin t'admettre;
La probité va régner à ſon tour:
Chacun pourra, tel eſt le droit du jour,
Faire le bien.... ſans trop ſe compromette,
Et ſans riſquer d'effaroucher la Cour.
DÉJA ſourit la timide innocence,
En revoyant ſes premiers Protecteurs;
Le zèle actif a repris ta Balance;
Ton glaive ſeul eſt caché ſous des fleurs.
Juſte & ſenſible, une auguſte Princeſſe,
L'honneur du trône, où brille ſa beauté,
Pour faire aimer ton auſtère Sageſſe,
Conduit vers toi la tendre humanité;
Pallas te ſuit, la Loi te ſert de guide,
Et te précède avec ſécurité:
Un jeune Roi te couvre d'une égide,

Et des rayons de ſon Autorité :
Plus d'Intriguant, plus d'Exacteur avide ;
Le Droit public ſera ſeul conſulté :
Tout ſe ranime.... Et la Fable d'Ovide
Pourra fort bien être une vérité !

A
M. DE CHAMPFORT.

Auteur d'un Éloge de la Fontaine.

QUELQUE part que ſoit le bon homme;
Dieu le ſait, moi je n'en ſais rien,
Je ſuis sûr qu'il te veut du bien,
Et qu'il ſourit, dès qu'on te nomme:
Le voilà ce cher pareſſeux,
Si négligé pendant ſa vie,
Elèvant ſon front radieux
Que couronne une Académie!
On ſait enfin l'apprécier!
Dans ſon portrait ſa grace éclate,
Et ta louange délicate,
Rafraîchit encor ſon laurier.

Tu nous mets dans la confidence
De ſes pacifiques humeurs,
Et nous découvres l'alliance
De ſes talens avec ſes mœurs.
Très-finement tu nous expoſes
Le myſtère de ſes écrits,
Et les fleurs que tu décompoſes
Ne perdent point leur coloris.
Tu nous peins ſa philoſophie
Qui fut un inſtinct précieux,
Sa nonchalante bonhomie;
Un ſens droit caché ſous les jeux,
Une foule de mots heureux
Qui font rire juſqu'à l'envie,
Si piquante naïveté,
Et ſa *ſimpleſſe* & ſa gaîté,
Et la bêtiſe du génie.
Du fond des immortels réduits,
A cette heure il te dit peut-être:
Ma foi, je ne croyois pas être
Si grand homme que je le ſuis.
Quoi! là-haut encore on me cite,
Moi, très-modeſte fablier!
Vous venez de m'initier
Dans le ſecret de mon mérite.
Si c'eſt un piége qu'on me tend,

C'eſt avec plaiſir que j'y donne.
Dans ce beau portrait qui m'étonne,
L'eſprit ſe montre à chaque inſtant;
Et je crois, Dieu me le pardonne,
Que mes Renards n'en ont pas tant.

Mais, où va ma Muſe infidèle
Que ſouvent je ſuis malgré moi?
Peintre charmant, ce n'eſt qu'à toi
De faire parler ton modèle.

A M. LE MARÉCHAL DE BRISSAC,

Alors Gouverneur de Paris.

Trop grand pour employer la brigue,
Trop vrai pour être adulateur,
Par les souplesses de l'intrigue,
Tu n'as jamais flétri ton cœur.
C'est la Nation qui te prône,
Et chacun répète à l'envi :
Lorsqu'un Brissac est près du trône,
Le Monarque est sûr d'un ami.

J'en atteste ton digne Ancêtre,
Qui, jetté dans ces tems affreux,
Où le François trop malheureux,
S'égorgeoit pour le choix d'un Maître;
Confus d'avoir été surpris,
Remit, en ces horribles crises,
Au plus adoré des Henris,
Les clefs de ce même Paris,
Inondé de sang par les Guises.

S'IL renaiſſoit quelques dangers
Ton nom ſeul vaudroit vingt cohortes:
Comment trembler pour nos foyers,
Alors que Mars veille à nos portes?
Que dis-je! ces jours ſont paſſés
Où, ſous un voile d'héroïſme,
Quelques Sujets intéreſſés
Souffloient l'ardeur du fanatiſme,
Dont les ſuppôts ſont renverſés.
Tu vas gouverner une Ville,
Séjour pompeux, vaſte & tranquille,
Où la paix planta l'olivier
Malgré la Tamiſe indocile;
Où l'on ſe plaît à ſommeiller
Au ſein des douces fantaiſies,
Que le goût vient multiplier;
Où l'inſoucieux Financier
Entretient des Nymphes jolies,
Qui, pour s'en faire mieux payer,
Lui font, par jour, cent perfidies;
Où jamais ne reparoîtra
Le Schiſme inſenſé des Egliſes:
Où tous nos Abbés ſont aux priſes
Avec des Filles d'Opéra.
Ces mœurs ne ſont pas héroïques:
Mais elles rendent les eſprits

Moins inquiets, plus pacifiques ;
Et les oisifs, en tout pays,
Valent mieux que les fanatiques.
Chez toi, nous pourrons à loisir,
Comme dans un autre licée,
Revoir la Morale placée
Sur l'Autel même du plaisir.
Moins forts en exploits qu'en paroles,
Puissent nos jeunes étourdis
Si froids, si vains & si frivoles,
Se réchauffer à tes récits !
Qu'ils viennent t'admirer à table,
Egayant jusqu'à la raison,
Et, dans un heureux abandon,
Cachant le laurier redoutable
Sous les pampres d'Anacréon !
C'est alors que j'aime à t'entendre
Parlant des arènes de Mars,
Des positions qu'on doit prendre,
D'assauts, de brêches, de hazards,
De postes qu'on t'a vu défendre,
De nos innombrables Césars,
Mourans plutôt que de se rendre,
Et tombés sur leurs Etendards,
Où la gloire vient les attendre !
Au Héros succède l'Amant.

Hiſtorïen toujours ſincère,
Tu nous fais le Journal charmant
De tes campagnes à Cithère ;
Des ſiéges qu'exprès on diffère
Ou qu'on achève bruſquement ;
De certaines ruſes de guerre ;
D'une Place que l'on ſurprit,
De telle autre qui délibère,
Et de ces doux combats de nuit,
Que des Amours livre la mère,
Toujours vaincue à ſon profit.

O TOI, dont l'ame nous rappelle
La loyauté des anciens Preux,
De ce Bayard ſi valeureux,
Brave Soldat, Amant fidèle ;
Dans le ſein des arts & des ris,
Qui, près de toi, viendront ſe rendre,
Coule des jours, que tes amis,
Au prix des leurs voudroient étendre ;
Et que le ciſeau des Couſtoux,
Emule des crayons d'Apelle,
De l'honneur poſe le modèle,
En fixant tes traits parmi nous !

AUX
COMETES.

FUYEZ, vous, qui dans l'épouvante
Faites languir notre Univers;
Qui devez bientôt dans les airs,
Crinière éparse & flamboyante,
Croiser vos terribles éclairs.
Dans cette joute peu commune,
Vous allez, dit-on, écorner
Le disque innocent de la Lune,
Qui, clouée à sa voûte brune,
Ne pourra point se détourner.
Déjà pour elle j'en frissonne:
Elle est là depuis si long-tems!
Pourquoi, désertant votre zône,
Déranger l'Astre des Amans?

Et

Et puis, quelle frayeur mortelle,
Lorſque ſur nous tombant ſoudain,
Soit en maſſe, ſoit en parcelle,
Elle viendra, ſans nul deſſein,
Culebuter l'axe voiſin
Qui fut favoriſé par elle;
Ce Globe paiſible & ſerein,
Qui, formé d'eau, d'air & de poudre,
Alloit toujours ſon petit train,
Malgré quelque choc ſouterrain,
L'ouragan, les rocs & la foudre.
Couple effrayant, couple fougueux,
Qui, dans les déſerts de l'eſpace,
Laiſſez au loin courir vos feux,
Cette fois, nous ferez-vous grace
De vos épouvantables jeux?
En traçant votre itinéraire,
Tous les radoteurs calculans,
Et tous les aveugles lorgnans,
Epars ſur notre fourmilière,
Souvent, par bonheur pour la terre,
Se trompent de quelque mille ans.
Cette erreur, quoique très-légère,
Rend un peu de calme à nos ſens:
Elle raſſure nos enfans,
Nos eſprits-forts, nos femmelettes;

Fait qu'on ne croit plus aux lunettes,
A l'aſtrolabe des Savans ;
Que l'on rit au nez des Prophètes ;
Que l'on danſe au bruit des volcans,
Et qu'on ſe moque des Comètes.

Quoi qu'il en ſoit, d'exterminer
Si vous avez la fantaiſie,
L'époque eſt aſſez mal choiſie.
Pourrez-vous bien vous déchaîner
Contre un monde plein d'harmonie
Que la ſaine philoſophie
Alloit enfin illuminer ;
Où Dieu n'auroit oſé tonner
De peur de l'encyclopédie ?

Voulez-vous noyer ou brûler,
O Comètes impitoyables,
Tant de puiſſances reſpectables,
Qui, ſans vous, ſauront dépeupler
La terre où vivent leurs ſemblables ?
Témoin ce Salomon du Nord,
Monarque enſemble & Philoſophe,
Toujours, à raiſon du plus fort,
Traitant le pays limitrophe ;
Au beſoin uſant de détour,
Afin de hâter la beſogne,
Et, pour s'arrondir à ſon tour,

Posant la griffe du vautour
Sur une part de la Pologne.
Mais, si tout cela ne peut rien,
Que du moins, Astres sanguinaires,
Vos chocs respectent le lien
De nos Auteurs, vivants en freres,
Et les plaisirs & les lumières
Du pacifique Citoyen.
Parmi le trouble affreux des sphères,
O Ciel! iriez-vous consumer
Tant de richesses littéraires
Si bien faites pour désarmer;
Tant de trésors hebdomadaires,
De petits riens à grands effets;
D'Historiettes funéraires,
Des Opuscules si parfaits,
Des Brochures si nécessaires;
Tous nos Drames patibulaires,
Surpris, hélas! en plein succès!
Nos fins Libelles, nos Pamphlets,
Où s'exhale l'humeur caustique
De tous ces beaux esprits follets
Qui régentent la République?
Le bel ouvrage que voilà!
O désastre! ô douleur trop vive!
Les Mondes en tremblent déjà:

Mais s'il faut que le coup arrive;
Faites qu'aprés tout ce train-là,
En moi, Deucalion revive,
Et que Zélis soit ma Pirrha.

A

UN ATHÉE.

Ce pur flambeau, cet œil du monde,
Etincelant au haut des Cieux,
Seroit-il donc l'effet heureux
D'une matière vagabonde ?
Eſt-ce elle qui règle le cours
De ces milliers d'Aſtres nocturnes ;
Qui, dans leurs phaſes taciturnes
Réparent l'abſence des jours ?
Eſt-ce elle qui donne à la terre
Son majeſtueux appareil,
Et cette marche circulaire,
Préſentant ſa mobile ſphère
A tous les aſpects du Soleil ?

Autour de cette active maſſe,
Quelle main répandit les Mers,
Et fit dans un fluide eſpace,
Ondoyer ce voile des airs
Qui la balance & qui l'embraſſe ?
Sont-ce des Atomes errans,
Qui, de la plus foible ſemence,
Ont élévé ce chêne immenſe,
Vainqueur de la foudre & des ans ?
Eh quoi ! Sophiſtes déſolans,
Un concours ſans intelligence
Fait bruire l'haleine des vents,
Allume le feu des volcans,
Sur nos têtes fixe & condenſe
Ces eaux, ces nuages brillans,
Dépoſitaires bienfaiſans
Et des promeſſes du printems,
Et des tréſors que l'abondance
Verſe en automne ſur nos champs ?
  Eh bien ! ſoit : ces objets peut-être
Ne parlent point à votre cœur :
Mais l'homme ſeul a dans ſon être
Ce qui décèle ſon Auteur.
Ce ſouffle éthéré qui m'anime,
Cette ſoif d'immortalité ;
Cette inquiétude ſublime,

Qui, des profondeurs d'un abîme,
Me pouſſe vers la vérité;
Ces intervalles de lumière,
Et ce rayon intercepté
Qui cherche à percer la barrière
Où le corps le tient arrêté;
Les arts étalant leurs charmes
Pour le Mortel induſtrieux;
Le plaiſir ſi délicieux
Qu'il trouve à répandre des larmes;
L'effroi dont il ſe ſent preſſer,
Quand ſous la vieilleſſe il ſuccombe,
Et qu'il eſt prêt à s'enfoncer
Dans les ténèbres de la tombe:
Du hazard ſont-ce les effets?
Ne connoît-on point à ces traits
Le ſceau d'une cauſe éternelle?
Toi, dont l'ame eſt encore rebelle,
Dont les yeux ſont encor diſtraits,
Cherche cet auguſte modèle
Dans les grands Hommes qu'il a faits.
Henri fut un de ſes bienfaits;
Il s'étoit peint dans Marc-Aurèle.
Plus que l'eſpace illimité,
Où ſa main ſema la clarté
Et l'étincelle de la vie,

Plus que la céleste harmonie
C'est la vertu, c'est le génie
Qui prouve la Divinité.
Tu la crois, & ments à toi-même.
L'orgueil enfanta ton système,
Et t'en cache l'absurdité;
Martyr d'une folle chimère,
Tu cherches le bruit & l'éclat;
C'est ton esprit qui se débat
Quand ta conscience t'éclaire.
Ta raison est ton châtiment.
Va, s'il est un sincère Athée,
Il ignore ce mouvement,
Ces combats d'une ame agitée;
Il se laisse aller mollement
Au courant des choses humaines,
Et n'est touché que foiblement
Par les plaisirs & par les peines.
Le nœud de la moralité
Ne l'enchaîne point à la terre;
Il n'a, dans sa tranquillité,
Rien qu'il redoute, ou qu'il espère;
Il supporte nonchalamment
L'existence qu'il apprécie,
Et, las d'une vaine féerie
Dont la jeunesse évanouie

Emporte tout l'enchantement,
Il croit tomber dans le néant,
Sans un ſeul regret vers la vie
Qu'il abandonne en ſommeillant.

AUX POLITIQUES DU JOUR.

CROYEZ-MOI, Meſſieurs les Docteurs,
Dont la plume eſt ſi deſpotique,
Et dont la gravité s'applique
A des calculs réformateurs ;
Laiſſez-là tout votre héroïſme,
Vos très-frivoles profondeurs,
Et ce petit patriotiſme
Qui s'éteindra ſans Protecteurs.
Par hazard, très-auguſtes Sages,
Auriez-vous l'ambition
De vous croire des Perſonnages ?
Le Gouvernement, vous dit-on,
Ira fort bien ſans vos Ouvrages.

A Londres, passe : un Citoyen
Est, ou croit être quelque chose ;
Mais, puisqu'en ces lieux, & pour cause,
Il est très-prouvé qu'il n'est rien,
La raison veut qu'il se repose.

Tous vos grands livres n'ont rien fait.
Sur le Théâtre politique,
On vient, on passe, on disparoît,
Si le jeu des Acteurs déplaît
Et que l'humeur se communique,
Quelques traits contre eux échappés,
Un mot bien gaîment satyrique,
Une chanson folle & caustique
En font justice à nos soupés.

A
M. DE VOLTAIRE.

B... risqua dans sa jeunesse
QuelquesVers contre vous plus malins que méchans:
J'eus, au même âge, un tort de même espèce
Et dont je veux me souvenir long-tems.
B... monta son luth pour chanter la paresse,
Et peut-être en cela suis-je encor son égal.
Parmi les aspirans au gouvernail papal
Il fut inscrit; le parallèle cesse:
Je n'ai point l'air pontifical,
Et, quoique de nos jours, rien ne soit difficile,
Le diable sera bien habile
S'il me fait jamais Cardinal.
Mais la calotte rouge, & le béguin du Pape
N'ont, entre nous, rien qui me frappe:

Si mes foibles essais sont par vous applaudis,
Si, plus heureux, je puis un jour vous plaire,
Sous vos doctes bosquets si je peux être admis;
Sans être au rang des Successeurs de Pierre,
J'aurai, comme eux, la clef du Paradis.

MON RÉVEIL.

Ce matin, je ſuis pacifique ;
L'air eſt ſerein, j'ai bien dormi ;
Le calme d'un Ciel embelli
A mon ame ſe communique.
Au printems, je ſuis peu cauſtique,
Et j'aime mieux, dans ce mois-ci (*)
Ma Maîtreſſe, la République,
Et mes Rivaux, & mon Ami.
Mon cœur fatigué ſe repoſe ;
Il a beſoin d'un ſentiment :
Mais, vous, mon cher Monſieur Clément,
Tâchez donc d'aimer quelque choſe....
Çà, cauſons enſemble un moment.

(*) Le mois de Mai.

Tenez, ſoyons vrais : moi, je penſe,
(Quoiqu'exprès vous n'en diſiez rien)
Que Voltaire pourroit fort bien
Etre un Auteur plein d'éloquence.
Brutus ſurvit à trente hyvers :
Un tel argument perſuade ;
Même, après avoir lu vos Vers,
On goûte encor la Henriade.
Modérez-vous ; car je ſuis prêt,
Pour peu que l'on me contrarie,
D'adorer Agnès en ſecret ;
D'aimer Zaïre à la folie,
Et de ſoupçonner du génie
Dans vingt ſcènes de Mahomet.
Faut-il tout riſquer, tout dire ?
J'en ſuis confus ; mais, entre nous,
Je trouve que l'Auteur d'Alzire
Répand, même dans la Satyre,
Plus de grace & de ſel que vous.

J'ose plus ; j'aime aſſez le ſtyle,
Un peu froid, mais bien cadencé,
De ce Traducteur de Virgile,
Que, dans une proſe incivile,
Vous avez durement tancé,
Contre l'eſprit de l'Evangile :
Et moi-même ſi mal mené

Dans vos officieux Libelles,
J'ai de tems en tems griffonné
D'aſſez plaiſantes bagatelles.
  EH ! croyez-moi, calmez vos ſens :
Penſez-vous ſortir des ténèbres,
Par ces Opuſcules mordans ?
Faut-il nuire aux pauvres vivans,
Pour faire honneur aux morts célèbres ?
Chaque Dieu mérite un Autel :
Ayons l'eſprit doux, l'ame bonne :
Buffon, ſans déchirer perſonne,
Court grand riſque d'être immortel.
  MAIS, que fais-je ? quelle folie ?
Moi, par des conſeils indiſcrets,
Gêner la pente du génie !
Pardon, mon cher ! je me ſoumets :
Votre étoile vous juſtifie.
Broyez du noir, lancez vos traits ;
Goûtez les plaiſirs de l'envie ;
Verſez le fiel ſur les ſuccès,
Et diſtinguez-vous déſormais
Par ce doux emploi de la vie.
  POUR nous, ſachons le prix du tems ;
Amis, accourez ſur mes traces :
Sous les ombrages du printems,
Buvons à la concorde, aux graces,

A

A la franchiſe, aux bons plaiſans;
Dans des flots d'Aï pétillans,
Noyons les ſouvenirs cuiſans
De nos littéraires diſgraces.
Mêlons des palmes & des fleurs:
Je veux qu'on ſoit juſte, qu'on s'aime,
Et que l'on pardonne aux ſots même,
S'ils ne ſont pas perſécuteurs.

A
MA MUSE.*

A MERVEILLE ! il faut que j'expie
Tes incartades, tes humeurs !
N'y compte pas, Muſe étourdie,
Et vas extravaguer ailleurs.
Toi ! cenſurer l'Auteur d'Alzire !
Afficher le ton magiſtral !
En vérité tu me fais rire
Avec ton bonnet doctoral.
Parcours nos prés & nos bocages ;
A l'ombre des myrtes naiſſans,
Fais jouer les amours volages
Parmi les Nymphes de nos champs :

* A l'occaſion d'une petite Pièce intitulée : *Avis aux Sages*, qui avoit déplu à M. de Voltaire.

Mais fuis les monts & les orages ;
Novice encore & ſans ſoutien,
Prends déſormais *l'Avis des Sages*,
Au lieu de leur donner le tien.
Peins-tu le Dieu de la lumière ?
Ne vois que les brûlans rayons
Qu'il lance en faiſceaux ſur la terre.
Songe qu'il mûrit les moiſſons
Par une chaleur ſalutaire,
Et pardonne à l'aſtre éclatant
Qui nous anime & nous éclaire,
De s'éclipſer un ſeul inſtant.
Allons, répare ton offenſe.
Le cœur contrit, l'air pénitent,
Cours à Genève en diligence ;
Dans le plus ſimple ajuſtement.
Aborde en Muſe bien ſoumiſe
Celui que tes traits ont bleſſé :
Dis-lui ſans rire & l'œil baiſſé,
Qu'au moins j'ai blâmé ta ſottiſe.
Sois l'écho de mes ſentimens ;
Qu'il ſache combien j'idolâtre
Ses Vers, ſa Proſe, ſes Romans,
Ses Hiſtoires & ſon Théâtre,
Ses petits Libelles charmans,
Surtout cette gaieté folâtre,

L'effroi des ſots & des méchans.
S'il eſt inflexible pour toi,
Fuis, je t'abjure & t'abandonne ;
Reviens encor, s'il te pardonne :
Mais, pour ſignal, rapporte-moi
Une des fleurs de ſa couronne.

A M. LE MARQUIS

DE SAINT-MARC.

Toi, qui ſers le Dieu des Amans,
Après avoir ſervi Bellone;
Le fils aimable de Latone
Te vole auſſi quelques momens:
Paré des roſes du Printems,
Tu veux des lauriers pour l'Automne.
  Avec ſes atours les plus beaux,
J'apperçois la Muſe lyrique
Qui vient t'offrir ſes Madrigaux,
Son étalage magnifique,
Son priſme, ſon tréſor magique,
Et ſa baguette, & ſes pinceaux.
Grace, grace pour la féerie!
Ne l'exclus point de tes travaux:
Suis les la Mothe, les Quinauts,
Et ce vieux Doyen de Paphos,

Qui fit Thétis & Lavimie :
Laisse l'Olympe tel qu'il est :
J'aime Jupiter & Neptune,
La Conque de Vénus me plaît,
Et je vois d'un œil satisfait,
Jusqu'au bandeau de la fortune.
Je chéris les festons d'Hébé,
De l'Amour les funestes armes,
Et l'arbre de sang imbibé,
Où ce Dieu lave de ses larmes
La blessure de sa Thisbé.
J'adore la jeune Camille,
Courant sans courber les épis,
L'astre infortuné de Procris,
Le rameau d'or de la Sibylle,
Des Enfers les dômes fumans,
Et, près de leur voûte embrâsée,
Les ombres, en longs vêtemens,
Foulant les fleurs de l'Elisée.

Si le vrai seul frappe tes yeux,
Si tu quittes ces doux prestiges,
Il est un autre merveilleux ;
L'histoire même a ses prodiges :
Tels sont ces jours, ces jours heureux,
Que va nous offrir ton Adèle
Où des Chevaliers valeureux

Servoient leur Monarque & leur Belle ;
Où ces intrépides héros
Mouroient fur de fanglans drapeaux,
Dans le fein de l'amour fidelle.
Retrace-nous leur loyauté,
Leur candeur, leur franchife aimable !
Pour nous, hélas ! c'eft une fable
Qu'une telle réalité.

Mais, quoi ! fous un Ciel fans nuage,
De Flore on m'ouvre les bofquets ;
Sous tes * crayons, ils font plus frais...
Zéphir doit être moins volage.
Pourfuis, couronne tes effais ;
Et, plus heureux à chaque ouvrage,
Aigris les fots par tes fuccès.
Toutes les guêpes du Parnaffe,
Se raffemblant pour t'effrayer,
Viendront bientôt, avec audace,
Frémir autour de ton laurier :
Affronte leur rage inutile ;
Voi les venir d'un œil ferein :
Un grain de fable abat l'effaim,
Et le laurier refte immobile.

* La fête de Flore.

A

M. DOIGNI.

DEUX ſuccès, me dis-tu ! ſeroit-ce une chimère?
Je crois encor rêver : mais c'eſt toujours un bien.
De nos illuſions, ami, ne perdons rien ;
Profitons d'un beau ſonge, & buvons à Glycère.
Quels que ſoient les retours du volage deſtin,
Quand on aime & qu'on boit, il eſt au moins certain
Qu'on n'eſt pas ſifflé du Parterre.
Loin de moi l'âpreté d'un cenſeur ombrageux !
Je parle à l'amitié, j'ai le droit de tout dire.
S'il faut peſer ſes mots & compaſſer ſes jeux,
Pour reſter libre & gaî, j'abjure l'art d'écrire.
Mais revenos à tes charmans eſſais ;
Occupons-nous de toi, de tes Vers agréables.
Du Pinde, dont la gloire habite les ſommets,
Quand tu franchis les hauteurs formidables,
Quel noble eſpoir t'échauffe, & quels ſont tes projet?

Emule ambitieux des Maîtres de la Scène,
Ces Monarques du double Mont,
Iras-tu couronner ton front
Du noir cyprès de Melpomène ?
Tremble que ses touchans attraits
N'égarent tes talens en séduisant ton ame ;
Avant de céder à sa flamme,
Approfondis tous ses secrets.
Vois l'amour, la fureur, la haine
Vois de nos passions le cortége inhumain
Mettre le poignard dans sa main
Et guider sa marche incertaine.
Son trône, où siège le malheur
Est suspendu sur un abîme ;
Les passions pressent son cœur
Entre le remords & le crime ;
On aime la profonde horreur
Que son front ténébreux imprime,
Et, grace à son charme sublime,
Le plaisir naît de la terreur.
Toi, l'aigle du Théâtre, ô Corneille, ô grand homme!
Toi, qui d'un vol majestueux,
Planant sur les tombeaux de Rome,
Evoquois les mânes fameux ;
Sur ton auguste mausolée
La Muse verse encor des pleurs ;

On a ſuſpendu ſes douleurs :
Mais on ne l'a pas conſolée.
Qui de nous te ſuivra dans les plaines de l'air ?
Phaëton riſqua tout : il fut réduit en poudre,
Et l'oiſeau ſeul de Jupiter
A pu jouer avec la foudre.
Cher Doigny, faveurs pour faveurs,
Bornons plutôt nos vœux à celles de Thalie :
Moins auguſte & moins grave, elle en eſt plus jolie.
Molière eut ſes lauriers ; dérobons lui ſes fleurs.
Peins nos Femmes de bien, nos ſublimes Coquettes,
Ayant toujours cinq à ſix goûts décens ;
Nos grands Hommes d'état, leur travail aux toilettes,
Nos faux Modeſtes, nos Savans,
L'extravagance de nos Sages,
Tant d'agréables Perſonnages,
Petits fléaux de mode & doucereux Tyrans.
Peins des Braves du tems la jactance indiſcrette,
Nos Prélats étourdis, nos Colonels penſeurs,
Les Prudes, les Abbés, & le progrès des mœurs,
Et le déclin de l'Ariette.
De ces travaux encor ſi tu crains le tourment,
Chante l'amour, préfère ſes careſſes,
Et ſurtout célèbre gaîment
Les trahiſons de tes Maîtreſſes.
L'immortel Ecrivain, malgré les neuf Déeſſes,

Ne vaut pas le volage Amant,
Qui goûte cent plaiſirs, prodigue cent promeſſes,
Se moque de ſon ſiècle & jouit du moment.
On lit un Poëte eſtimable
Dont les mâles tableaux ſavent nous occuper :
Mais on vit avec l'homme aimable ;
C'eſt lui qu'on invite à ſouper.

L'ORGIE.

Vous, qu'eut aimé Chaulieu,
Venez mon jeune Horace ;
A côté d'un grand feu
Nous boirons à la glace,
Et médirons un peu.
C'eſt le droit du Parnaſſe.
Déjà le Dieu du vin,
De pampres vous enlace ;
Vous êtes libertin,
Et l'êtes avec grace ;
Soyez Roi du feſtin.
Apportez les tablettes
Où ſont ces riens charmans,
Et ces congés plaiſans

Que donnent les Coquettes
A leurs tendres Amans.
De l'aimable infidèle
Qui vous tient dans ſes fers,
Contez-nous les travers
Et la noirceur nouvelle.
Tous les fronts ſont ouverts;
Le Champagne ruiſſelle,
Il mouſſe, il étincelle,
Et reſſemble à vos Vers.
Sur la fin de l'Orgie
Nous gliſſerons deux mots
De la Philoſophie,
Qui ſe moque des ſots,
Et gaîment apprécie
Les plaiſirs & les maux.
Mais j'entends qu'on s'écrie;
Quoi? ce fripon d'Amour
N'eſt point de la partie?
Sans lui, paſſer un jour!
La triſte fantaiſie!
Un moment, s'il vous plaît.
Des yeux de la folie
Vous voyez ſon portrait;
Je le vois tel qu'il eſt,
Et je le congédie.

L'enchanteur, je parie,
Vous trompe à chaque inſtant....
Je me réconcilie,
S'il veut m'en faire autant.

A DÉLIE.

NON, j'en conviens ; non, ma Délie,
L'amour ne vaut pas l'amitié.
Avec elle j'étois brouillé,
Et ta voix nous réconcilie.
Que ferois-tu d'un ſot enfant
Qu'attache un rien, qu'un rien délie ;
Volontaire, aveugle, inconſtant,
Qui ne ſuit que ſa fantaiſie,
Ne vient jamais quand on l'attend,
Eſt toujours là quand il ennuie.
Je ne l'abhorrois qu'à moitié ;
Mais voilà ma haine affermie ;
Non, j'en conviens ; non, ma Délie,
L'amour ne vaut pas l'amitié.
Le monſtre ! il eſpéroit peut-être
Qu'il obtiendroit enfin tes vœux,
Et qu'un jour il feroit heureux
Par tes graces qu'il a fait naître.

On dit qu'il ſe flatte aiſément ;
Il a cru que ton doux ſourire,
Si dangereux & ſi charmant,
Seroit l'appui de ſon empire
Dont il eſt déjà l'ornement.
Plein d'orgueil & de jalouſie
Il vouloit, que ne veut-il pas ?
Armer contre moi tes appas,
Et t'inſpirer ſa rêverie.
Fier de s'oppoſer à nos vœux,
Il vouloit, quelle perfidie !
Mettre tous ſes traits dans tes yeux....
Où notre amitié le défie :
Mais l'ennemi n'y pourra rien.
A ſon gré de ſoi l'on diſpoſe.
De beaux cheveux, un teint de roſe,
Un regard, qu'on entend ſi bien !
Une taille noble & légère,
Un ſouris de Flore envié,
Un ſein que le jaloux myſtère,
Ne montre jamais qu'à moitié,
L'art de déſoler & de plaire,
L'augure enfin d'un joli pied ;
Dieu, qui ſait bien ce qu'il veut faire,
Fit tout cela.... pour l'amitié.

A

A

MADEMOISELLE ***.

ENCHANTERESSE que vous êtes,
Nymphe & Sylphide tour-à-tour,
Dites-moi donc comment vous faites
Pour peindre & pour braver l'Amour?
Tout en vous l'annonce & l'inſpire,
Vos yeux, votre geſte, vos traits,
Vos diſcours, vos talens ſi vrais,
Cet art d'orner ce qu'il faut dire;
Oui, vous poſſédez ſes attraits,
Et vous exercez ſon empire;
Ce Dieu que j'aime.... que je hais,
S'entend avec vous pour me nuire;
Il vous révéla ſes ſecrets,
Et vous arma de ſon ſourire.

Quand vous marchez, dans vos habits,
C'eſt lui qui murmure & ſe joue ;
Vos rubans, c'eſt lui qui les noue :
Il ſe cache dans tous leurs plis ;
Près de vous toujours en allarmes,
Et jurant de ne rien céder,
Il s'eſt emparé de vos charmes
Que pour lui ſeul il veut garder.
Tel, écartant les mains avides,
Le plus vigilant des Dragons
Défendoit les riches moiſſons
Du beau Jardin des Heſpérides.

A LA MEME,

SUR UN SOUPÇON.

L'Amour te nomme la plus belle ;
L'Amour t'a remis ſon carquois.
Ah ! parmi les traits qu'il recèle ,
Apprends du moins à faire un choix.
Les uns éveillent les careſſes ,
Les tendres faveurs , les deſirs ,
Ces regards qui ſont des promeſſes.
Le trouble ſecret , les ſoupirs :
Il en eſt d'autres qui font naître
Les démêlés voluptueux ,
Et ces reproches amoureux
Que les Amans doivent connoître ,
Puiſqu'ils les rendent plus heureux.

Il en eſt qui ſavent atteindre
Les cœurs libres & languiſſans :
Il en eſt pour les inconſtans ;
De ceux-là je n'ai rien à craindre.
Arme-toi des plus dangereux ;
Frappe & bleſſe au hazard, cruelle !
Je ſens que je t'aimerai mieux,
A chaque bleſſure nouvelle :
Vuide le carquois, ſi tu veux ;
Mais, laiſſe, au fond, le doute affreux
Qui déſeſpère un cœur fidèle.

A MADAME

LA COMTESSE DE ***.

Tu l'as pourtant humanisé
Cet intraitable personnage,
A notre mollesse opposé,
Et nous vantant l'état sauvage
Dans un style civilisé.
Tu parois, il est sans défense :
Voilà mon sage apprivoisé,
Et ton empire qui commence.
Un Chantre fameux autrefois,
A tout communiquant la vie,
Attiroit par sa mélodie
Les hôtes farouches des bois :

Quel que fut ſon magique empire ;
Le tien, je crois, vaut encor mieux,
Et tu fais plus avec tes yeux
Qu'il ne faiſoit avec ſa lyre.

A MESSIEURS DE...

LE JOUR DES ROIS.

Rois, ou non, vous ſerez heureux
Puiſque vous ſerez chez Silvie.
Le plaiſir ſe peint dans ſes yeux,
Et c'eſt le plaiſir que j'envie.
Si, dans le hazard du feſtin,
La fève échappe à cette Belle,
Je vois d'ici le Souverain
Réparer les torts du deſtin,
Et gaîment abdiquer pour elle.
Parmi les couronnes du jour
Elle eſt ſûre d'en avoir une,
Et les larcins de la fortune
Lui ſeront rendus par l'amour.

A CEUX

QUI M'ATTRIBUOIENT

L'ÉPITRE A MARGOT.

AUTREFOIS, trop gaîment, dit-on,
Dans mes ſcandaleux Opuſcules,
J'ai chanté Roſire & Clairon ;
Alors j'avois peu de ſcrupules.
J'ai frondé ſur un autre ton
Le philoſophique jargon,
Et nos amours propres crédules,
Et tous nos charmans ridicules,
Dans ce ſiècle de la raiſon.
J'ai même, au gré de ma folie,
D'encens préſenté quelques grains
A d'aſſez profanes Lutins,
Connoiſſant l'emploi de la vie,

Et presque bonne compagnie,
A force de goûts libertins!
J'ai narré leurs Historiettes :
Dans les Annales des Boudoirs
J'ai consigné leurs amourettes.
J'ai conté dans des Vers bien noirs
Les jolis tours de nos Coquettes;
J'ai peint plus d'un illustre sot,
Tout fier du succès des toilettes;
Mais le vilain nom de Margot
Ne fut jamais sur mes tablettes.

SANS doute, aux immenses atours
De quelqu'Altesse Douairière,
Ainsi que Bernard, on préfère
L'étroit corset, les jupons courts
D'une agile & simple Bergère,
Croissant sous l'aîle des amours,
N'ayant pour dot que l'art de plaire;
Et la fraîcheur de ses beaux jours :
Mais de Margot que peut-on faire?
Par qui ce nom fut-il cité,
Et dans quel bosquet de Cithère
Sera-t-il jamais répété?
Loin de moi les goûts qu'il faut taire.
Je veux pouvoir avec fierté
Avouer celle qui m'est chère,

L'offrir en Déesse à la terre,
Dresser un trône à sa beauté,
Et semer de fleurs la fougère
Où lui sourit la volupté.
Mais, dis-tu, Margot est divine;
L'Amour même arrangea ses traits;
Eh! nomme-la Flore ou Corinne,
Puis nous croirons à tes portraits.
Quoi qu'il en soit, bel anonyme,
Ta roturière déïté,
Malgré tes chants & ton estime,
Flatte fort peu ma vanité.
Jouis en paix de ta victoire;
Heureux Amant, garde ton lot:
De grand cœur, je te rends ta gloire,
Tes Vers, ta Muse, & ta Margot.

CONSEILS
A UN MARI.
* IMITATION D'OVIDE.

Vous vous plaignez que chez Delphire
Je ne vais point aſſez ſouvent :
Eh bien ! moi, j'oſerai vous dire
Que c'eſt ſe plaindre injuſtement.
  Votre femme, ſoyez tranquille ;
N'eſt point faite pour vous reſter ;
Elle a mille attraits, & puis mille,
Qu'il eſt bon de vous diſputer.
Mais vous avez la fantaiſie
De ne jamais nous tourmenter :
J'avois, mon cher, oſé compter
Sur quelques grains de jalouſie ;

* L'Epître au Suiſſe n'eſt auſſi qu'une Imitation du même Auteur.

Votre ſang-froid vient tout gâter.
Il lui déplaît, & me déſole.
Quoi ! rien qu'il faille hazarder !
Pour qu'avec ſoin on vous la vole,
Commencez donc par la garder.
Fêter ce qu'un autre néglige
C'eſt une ſottiſe entre nous ;
Et, quand on agit comme vous,
Il ne faut pas que l'on exige.
Sachez de moi que les amours
Vivent de crainte & d'eſpérance,
D'artifices, de jolis tours :
On les endort par trop d'aiſance,
Et le bonheur de tous les jours
Produit bientôt l'indifférence.
J'aime un aiguillon au deſir,
Des larcins pour nourrir l'ivreſſe,
Et quelqu'épine qui me bleſſe
Parmi les roſes du plaiſir.

Si Danaé ſe vit priſée
Par ce ſcélérat de Jupin,
Et ſentit pleuvoir dans ſon ſein
Une très-ſuſpecte roſée ;
C'eſt grace aux murs d'un triple airain,
Où la belle fut dépoſée.

Croyez-moi : mettez dès ce ſoir,

Quatre verrous à votre porte ;
Rodez, & demandez à voir
Chaque billet que l'on apporte ;
Criez, grondez, fut-ce pour rien :
La nuit, ſoyez ſur le qui-vive ;
N'entendez pas japper un chien,
Sans vous figurer que j'arrive.
Alors, je ſaurai m'occuper
De quelque ruſe néceſſaire,
Et je trouverai, je l'eſpère,
Un nouveau charme à vous tromper :
Mais que prétendez-vous qu'on faſſe
D'un Mari qui n'eſt point jaloux,
Ne dit mot, jamais ne menace,
Et ſemble d'accord avec nous ?
Le Pilote craint la bonace
Autant que les flots en courroux.
Sans votre douceur importune
Qui me dérange tout-à-fait ;
Ce que vous ſavez que l'on eſt.....
Vous le ſeriez vingt fois pour une.

A UN CENSEUR INDULGENT.

En dépit de vos doux propos,
L'amour-propre n'eſt point mon guide ;
J'ai très-bien vu tous les défauts
De cette pauvre Adélaïde.
Un Drame, choquant l'unité,
Culebutant les bienſéances,
Doit étourdir la dignité
D'un Amateur des vraiſemblances.
Vous êtes ému des malheurs,
Du trouble & des remords d'Aliſe :
Et moi, s'il faut que je le diſe,
Je crois qu'en lui donnant des pleurs
La Nation s'eſt compromiſe.

Tançons ce Public ignorant,
De nouveautés trop idolâtre,
De s'en aller ainſi pleurant
Contre les régles du Théâtre.

Je le ſens : mes torts ſont affreux,
D'autant plus que le goût s'épure,
Et que nos Ecrivains fameux
Reviennent tous à la Nature.
Grâce aux critiques agguerris,
Juges profonds, ſurtout fidèles,
Grâce aux poétiques nouvelles
Que propoſent nos beaux eſprits,
Vous conviendrez que, dans Paris,
On voit fourmiller les modèles.
Voilà pourquoi, tels qu'on connoît,
Quoique d'humeur très-pacifique,
Ont foudroyé mon pathétique....
Dont j'attendois un bel effet.

Ce ſont là leurs gaîtés ſans doute ;
Et cependant, pour vivre heureux,
Evitez, s'il ſe peut, la route
Où l'on eſt égayé par eux.
Cueillez des roſes pour Thémire ;
Adreſſez-lui d'aimables Vers ;
Célébrez ſes jolis travers
Que fait pardonner ſon ſourire ;

A des ſuccès trop incertains,
N'immolez point des jours ſereins,
Le ſommeil, le calme & le rire,
Les ſeuls vrais tréſors des humains.
  MAIS, ſi votre étoile obſtinée
Vous fait ſuivre de nos travaux
La gloriole infortunée
Que ſe diſputent vingt rivaux;
Bercé par de triſtes chimères,
De Melpomène enfant ſoumis,
Si vous attachez quelque prix
A ſes couronnes funéraires,
Gardez-vous de vos chers Confrères....
Et même un peu de vos Amis.

L'INFIDÉLITÉ.

L'INFIDÉLITÉ.

IMITATION D'OVIDE.

Fuis, enfant volage & ſans foi,
Plus de vœux, plus d'erreur nouvelle !
Non, je ne crois plus même à toi....
Zélie, hélas ! eſt infidelle !
Que de ſermens multipliés
Elle m'avoit faits, la perfide !
Auſſi hardi qu'il fut timide,
Son cœur les a tous oubliés....
Eh bien ! ſa longue chevelure,
Qu'aux vents elle abandonne exprès,
Me ſemble auſſi charmante après,
Qu'elle étoit avant ſon parjure.
Elle a beau ſe moquer des Dieux :
Sa taille n'en eſt pas moins belle,
Ni ſon ſouris moins gracieux.
Son œil brilloit, il étincelle ;

O

Son front, où le plaiſir ſe peint,
Gaîment inſulte à ſes victimes;
Je crois que chacun de ſes crimes
Ajoute une roſe à ſon teint,
Et les Immortels ſont tranquilles!
Elle rit, l'ingrate qu'elle eſt,
D'eux & de moi, comme il lui plaît,
Et leurs carreaux ſont immobiles!
Que dis-je? ils ont, dans tous les tems,
Souffert les attentats des Belles;
Ils ſemblent s'entendre avec elles,
Pour déſeſpérer leurs Amans.
Jupiter qu'envain je réclame
Ne tonne que ſur les humains;
Et, s'il veut punir une femme,
La foudre échappe de ſes mains.

HÉLAS! pourquoi tous ces blaſphêmes?
Ces Dieux vengeurs, ces Dieux puiſſans
N'aiment-ils pas comme nous-mêmes?
N'ont-ils pas un cœur & des ſens?
Oui, je rougis de ma colère,
Si j'étois Dieu, je le ſens bien,
Les friponnes pourroient tout faire:
Je ne me fâcherois de rien.
Elles viendroient toute leur vie
Mentir à ma Divinité:

Mais, en faveur de leur beauté,
J'excuserois leur perfidie.
Mon courroux ne seroit qu'un jeu;
Et, pour quelqu'aimable folie
Qu'elles feroient de mon aveu,
Je n'aurois garde, ma Zélie,
De m'en aller tonner en Dieu
De fort mauvaise compagnie.

C'EN est fait! me voilà calmé!
Pardonne, ma belle Maîtresse,
Au courroux d'un cœur enflammé.
Puisqu'ainsi le veut ta foiblesse,
Et que j'y suis accoutumé;
Trompe-moi, trompe-moi, traîtresse,
Mais au moins, avec tant d'adresse,
Que je me croye encor aimé!

A LIDIE.

IMITATION D'OVIDE.

Je ne ſais ; mais, jeune Lidie,
Il me ſemble que les Amans
N'ont point aſſez de perfidie ;
Ils ſe perdront par la manie
De trop montrer leurs ſentimens.
On ne fête dans ma patrie
Que les amours gais & fripons.
L'attirail de la Bergerie
Eſt relégué dans nos chanſons.
Les Adorateurs bien fidèles,
Bien ſenſibles, bien langoureux,
Sont ſi reſpectés de leurs Belles
Qu'elles n'oſent les rendre heureux.

D'ailleurs eux-mêmes il ſe nuiſent
Avec leur jargon répété ;
A citer le cœur ils s'épuiſent,
Et ces Meſſieurs-là ne ſéduiſent
Ni les ſens, ni la vanité.
L'Amant léger plaît à toute heure.
C'eſt le modèle qu'il nous faut ;
Jamais trop tard il ne demeure,
Il n'arrive jamais trop tôt.
Il rit, il veut, il importune,
Eveille, entretient les déſirs,
S'exerce aux larmes, aux ſoupirs,
En trahit vingt, n'en aime aucune ;
Bruſque l'amour & la fortune,
Et n'eſt fidèle qu'aux plaiſirs.
Je ne ferai point d'Epigrammes :
Mais je crois, j'oſe le riſquer,
Que l'amour-propre eſt chez les femmes
Ce que d'abord on doit piquer.
Dans la crainte de l'inconſtance,
Le cœur réſiſte au ſentiment ;
Il eſt ſur ſes gardes ſouvent :
Mais l'amour-propre eſt ſans défenſe ;
On l'enyvre avec de l'encens ;
Il cède aux premières careſſes.
O vous, ſouveraines Maîtreſſes

De nos goûts & de nos penchans;
Si nous étions tous bonnes gens,
Vous auriez bien peu de foiblesses.
Tenez, à ne vous rien farder,
Il faudroit, je m'en déserpere,
Vous tromper toujours pour vous plaire;
Et quelquefois pour vous garder.

A

M. BONNARD.

De Tivoli le possesseur charmant,
Pour bien louer te légua ses finesses.
Que je les crains, les vers que tu m'adresses!
Ma vanité vient d'y croire un moment.
Mon front ceignoit la palme du génie
Que par tes mains le goût venoit m'offrir;
De tes chansons savourant l'harmonie,
Je me laissois doucement pervertir:
Mais je reviens à ma philosophie;
J'allois rêver; tu m'apprends à jouir;
Le vrai triomphe est dans la modestie,
Et l'amour-propre eût gâté mon plaisir.
Va, nous servons sous la même bannière.
Ton compagnon, ton ami, ton égal,
Ainsi que toi, je marche en volontaire.
Briguant tous deux, dans une aimable guerre

Le prix du cirque & les profits du bal,
Le grave honneur qui naît d'un Madrigal,
Et du plaiſir la cocarde légère,
On nous a vus aller tant bien que mal
De Gnide au Pinde, & du Pinde à Cithère.
C'eſt à Ferney qu'eſt notre Général,
En cheveux blancs, profeſſant l'art de plaire;
Il a vieilli ſans Maître & ſans Rival.
Franchit qui peut ce roc, où Mnémoſine
Brave la foudre à l'ombre du laurier!
Pour nous, jouant ſous l'humble coudrier,
Cueillons des fleurs au bas de la colline.
L'envie alors pourra nous oublier.

Songeons, ami, que les jeux du bel âge
Sont emportés ſur les aîles des vents;
L'automne eſt froid, c'eſt la ſaiſon du Sage:
Les foux heureux ſont tous dans leur printems.
Je m'apperçois que le mien déménage,
Et je voudrois ſaiſir, à ſon paſſage,
Son dernier Myrthe, & ſes derniers inſtans.
Il s'eſt enfui, le tems des deux Maîtreſſes!
Senſible & douce, une me reſte encor,
Et mon deſir ſe borne à ſes careſſes:
Deux ſont un bien; mais une eſt un tréſor.

A MADAME

LA COMTESSE DE B....

LES *Quarante* ont chacun leur titre.
A moi ſeul il n'en faudroit pas,
Si, dans le Temple de Pallas,
Vénus avoit voix en Chapitre.
J'y ſerois introduit ſoudain;
Et dans cet auguſte licée,
Où des amours viendroit l'eſſain,
Votre image ſeroit placée,
Près de la Suze, au front ſerein,
Entre *Racine* & la *Chauſſée*.
Chaque Favori d'Apollon
L'orneroit d'une fleur nouvelle:
Les Grâces donneroient le ton,
Et vous offriroient pour modèle.

Le flageolet de Voisenon
A vos côtés feroit entendre
Un air pillé d'Anacréon ;
Et vous ôteriez la raison
Aux Sages faits pour nous la rendre.
J'avoûrai qu'il me feroit doux
D'être admis à tous ces myftères ;
De voir les Aftres littéraires
Plus brillans encor devant vous.
Alors, je braverois l'envie,
Sous l'égide de la beauté :
Alors j'eftimerois la vie....
Et même l'immortalité.
Souhait téméraire & ftérile !
A la porte à quoi bon frapper ?
Mon fiècle, en grands Hommes fertile,
De moi pourroit-il s'occuper ?
Dans leurs travaux & dans leur ftyle,
(L'Europe le fçait) ils ont, tous,
Uni l'agréable à l'utile.
J'en vois cent venir à la file,
Et je me fauve à vos genoux.

Fin des Epitres.

PIECES DIVERS,

BILLETS EN VERS,

MADRIGAUX, CHANSONS.

LIVRE TROISIEME.

SI je n'ai jamais répondu pour mon compte aux gaîtés littéraires de M. Clément, j'ai toujours été indigné de l'injuſtice & de la morgue collégiale avec laquelle il déchire les Ouvrages du premier Ecrivain de la Nation. Il devoit reſpecter au moins une réputation affermie ſur ſoixante ans de travaux & de ſuccès : mais le pédantiſme ne reſpecte rien. Il aime mieux ſe laiſſer envenimer par la haine, que de conſentir à l'admiration, & il ſe ſent importuné par le talent ſupérieur comme les oiſeaux de nuit le ſont par l'éclat du jour.

Ma ſeule intention a donc été, dans cette bagatelle, de venger M. de Voltaire des outrages qu'on lui fait tous les mois au nom des Anciens & de la belle Littérature. C'eſt une plaiſanterie qu'on hazarde en réponſe à des tomes d'invectives. Tout le monde a lu le Dialogue charmant de Pégaſe

& du Vieillard. Pégafe, un peu piqué du ton cavalier dont le traite le vieillard Agriculteur, arrive dans le Cabinet de M. Clément, qui n'a rien moins que les goûts champêtres ; & ils ont enfemble la petite converfation qu'on va lire. Si on la trouve un peu vive, qu'on fe reffouvienne que c'eft un Cheval qui parle à un faifeur de Libelles. Ces gens-là ne fe piquent ni d'honnêteté ni de modération.

DIALOGUE

DE PEGASE ET DE CLEMENT.

LIVRE TROISIEME.

CLEMENT.

QU'EST-CE donc? dès l'aurore on assiège ma porte?
On ne peut à son aise, en ce triste Univers,
Composer savamment de la Prose ou des Vers!
C'est quelque Auteur, je gage.

PEGASE.

A-peu-près, que t'importe?

CLEMENT.

S'avisa-t-on jamais de venir si matin?
Les instans me sont chers; laisse-moi, je te prie:

J'éprouve en ce moment les douceurs de la vie,
Et j'écris, avec goût, du mal de mon prochain.
Va-t-en; je n'ouvre pas.

PEGASE.

L'ami, je ſuis Pégaſe.
Mon voyage à Ferney m'a donné de l'humeur:
Ouvre; nous médirons du vieux Agriculteur.

CLEMENT.

Nous médirons? Attends, que j'achève ma phraſe.
Comme te voilà fait?... Par quel ſort inhumain?...

PEGASE.

Sais-tu bien, qu'entraîné dans ma courſe immortelle,
J'ai fait, depuis Homère, un terrible chemin?
Allons, héberge-moi: je te ſerai fidèle,
Je mordrai les paſſans, j'adopterai tes goûts,
Me cabrant, regimbant, ombrageux & jaloux,
Pour mieux te reſſembler, & te prouver mon zèle.

CLEMENT.

Il parle avec eſprit! Tu ne voles donc plus?

PEGASE.

PEGASE.

Mais je vais quelquefois à petites journées.
J'ai vécu, mon très-cher, quatre à cinq mille années:
De vieilleſſe & d'ennui j'ai les jarrets perclus.
Apollon a ſouvent changé mes deſtinées.
Si je crois ce qu'on dit, Méduſe m'enfanta.
Je fis de mes talons jaillir une fontaine ;
Bellerophon ſur moi courut la prétentaine ;
Pour battre la chimère au Diable il m'emporta ;
Je me nourris long-tems des gazons d'Hippocrêne.
Comme un franc étourdi, Pindare me monta.
(Votre Rouſſeau depuis imita ſes caprices),
Multipliant ſous lui mes écarts vagabonds,
Sur la cime des rocs, au bord des précipices,
Je m'élançois alors & par ſaults & par bonds.
Moſchus, Anacréon, plein d'adreſſe & de grace
Me remirent au pas : eſcorté par les jeux,
En bon Epicurien, je vivois avec eux,
Et je paiſſois les fleurs qui parfumoient leur trace.
L'Amante de Phaon venoit chaque matin
M'offrir, en ſouriant, des roſes dans ſa main.
Sophocle m'exerça par ſes courſes hardies :
Euripide, moins fort, n'en eut pas moins d'ardeur.
Eſchile échevelé me remplît de terreur ;
Nous paroiſſions tous deux pouſſés par les furies.

J'abandonnai la Grèce au bruit du nom Romain.
Je fus légèrement manégé par Horace ;
Ovide m'égara dans le plus doux chemin ;
Lucrèce indépendant m'inſpira ſon audace,
Juvenal me ſoumit avec un bras d'airain,
Par Virgile aguerri, je bronchai ſous le Stace,
Et je voyois de loin arriver mon déclin.
Long-tems on me crut mort : craignant la barbarie,
J'avois paiſiblement regagné l'écurie.
Le Dante, avec humeur, vint m'en tirer ſoudain.
L'œil morne & ténébreux, conforme à ſon génie,
Regrettant les vallons de l'antique Auſonie,
En croupe je portai le Spectre d'Ugolin.
Peintre de l'enjouement, honneur de l'Italie,
L'Arioſte accourut avec un front ſerein ;
J'adoptai l'Hyppogriffe, enfant de ſa folie,
Et bientôt je livrai mon dos & mon deſtin
Au Chantre intéreſſant de la tendre Herminie....
Tous ces Cavaliers-là m'avoient mené grand train ;
J'avois l'oreille baſſe & les aîles traînantes ;
Il fallut réparer mes forces languiſſantes :
Mais ſur les bords François je reparus enfin.
Malherbe, parmi vous, ennoblit mon allûre ;
De la palme lyrique il ombragea mon front.
Je jettai Chapelain au bas du double Mont ;
En embraſſant Gombault il roula ſur Voiture.

Molière prit leur place, & me fit détaler.
La Fontaine indulgent & plein de bonhomie,
Guidé par la nature, & par ma fantaiſie,
Me ſuivit, ſans mot dire, où je voulus aller.
La houſſine à la main, Boileau, grave & ſévère,
Châtia de mon vol l'aiſance irrégulière :
Je ne pus avec lui faire un pas ſans trembler.
Je l'eſtimois beaucoup, mais je ne l'aimois guère.
Corneille vint à moi : ſon fier & noble aſpect
Sans trop m'effaroucher, m'imprima du reſpect.
De ſon bras vigoureux je reſſentis l'atteinte ;
Il me fit pénétrer dans le palais des Rois :
Tous mes crins ſe dreſſoient aux accens de ſa voix,
Et, tant qu'il m'a conduit, j'ai méconnu la crainte.
Il me bruſquoit par fois, c'étoit aſſez ſon ton ;
Il fallut nous quitter, & j'acquis, ſous Racine,
Des mouvemens plus doux, une bouche plus fine.
Dans des ſentiers ſanglans je ſuivis Crébillon :
Quoiqu'il fut violent, j'aimois ſon caractère.
Il dédaignoit les lieux frayés par d'autres pas,
Et, malheureuſement, j'étois déjà bien las,
Quand il fallut encor galopper ſous Voltaire.

CLEMENT.

Celui-là, par exemple, a dû te rudoyer.

PEGASE.

Mais, non : s'il m'en ſouvient, il eut la main légère.
Je le vis autrefois, ferme dans l'étrier,
Courant, bride abattue, &, malgré ma colère,
Il faut que j'en convienne, il eſt bon écuyer.

CLEMENT.

La rage de louer aujourd'hui te domine.
Vieux Pégaſe, ſois vrai : c'eſt, à coups d'éperon,
Qu'il te forçoit d'aller, quand, ſur ta maigre échine,
Il nous eſt apparu dans le ſacré vallon ;
Lorſque tu voiturois ſa dolente Nanine,
Son mugiſſant Oreſte & ſon froid Cicéron,
Et le triſte Orphelin, ſoi-diſant de la Chine,
Eriphile, Zulime, & Pandore, & Samſon.
O cheval illétré, ton mauvais goût m'irrite !
Quoi ! ſur Voltaire encor tu n'es pas éclairé ?
Sa jeune Sophonisbe, en un jour décrépite,
Et ſes Guebres tranſis ne t'ont pas déferré ?
Vas traîner, ſi tu peux, en dépit de l'envie,
Le char mal attelé de ſes ſots Triumvirs,
Et ce lourd taureau blanc, fruit de ſes vieux loiſirs ;
Et ce bucher meſquin, vrai tombeau d'Olimpie *.

---

* Quand on introduit un Interlocuteur, il faut le faire parler d'après ſon caractère, & il eût été contre toute vraiſemblance de donner à M. Clément du goût & de l'équité.

PEGASE.

Vas ; l'injuftice perce & lui rend tous fes droits.
Je devrois t'envoyer le prix de ta tirade ;
Mais, je veux bien encor t'épargner cette fois.
Cite, cite du moins, Brutus, la Henriade,
Cet immortel tableau du meilleur de nos Rois :
Cite ce Mahomet, monument du génie,
Où la force du ftyle eft jointe à l'harmonie,
Dont le vafte intérêt, & l'époque & les mœurs,
Dont le coloris mâle, & la pompe énergique,
Tranfmettent à grands traits aux yeux des fpectateurs,
La fombre majefté de Melpomène antique.
De ta fureur burlefque interrompant le cours,
Rappelle-toi Tancrède, & Mérope, & Zaïre,
L'aimable Adélaïde, & Vendôme, & Nemours,
Les fauvages vertus de la fenfible Alzire,
Tous ces écrits charmans, dictés par les Amours,
Que l'on revoit cent fois, que cent fois on veut lire,
Qu'un peuple délicat ne ceffe d'adorer,
Que tu faurois chérir, fi tu favois pleurer.
Ouvre, infigne menteur, ces annales brillantes,
Où chaque Nation contemple fes erreurs,
Ses Tyrans, fes fléaux, fur-tout fes bienfaiteurs,
Où Rome reconnoît fes brigues infolentes ;
Où la Philofophie, avec légèreté,

Des attentats des sots venge l'humanité,
Frappe indistinctement d'un joyeux anathême
Les Moines, les Abbés, les Papes, les Catins,
Insulte aux oppresseurs de vous autres humains,
Et montre à l'Univers la liberté qu'il aime.
Pour détremper ton fiel, jette, jette les yeux
Sur ces riens enchanteurs, délices de vos Belles,
De l'enjouement François restes si précieux,
Toujours accumulés, sans peser sur mes aîles.

CLEMENT.

Bavard impitoyable, as-tu bientôt fini
Ce long panégyrique aussi plat que toi-même?
Apprends que, devant moi, l'éloge est un blasphême.
Tremble! ton sot babil sera bientôt puni,
Et je t'attends, Barbare, à ma lettre septième.

PEGASE.

Fort bien, applaudis-toi d'un fatras ténébreux,
Où tu voudrois flétrir ce qu'au Pinde on renomme,
Libelle scholastique, où tu crois, malheureux,
Qu'il importe au bon goût d'insulter un grand homme.
Vas, vas, contre Nestor Thersite eut beau crier;
On ne l'écouta pas (je l'ai lu dans Homère)
Ton destin est le même, & ta sotte colère
Que le chardon nourrit, n'atteint point au Laurier.

CLEMENT.

C'eſt trop : de mon courroux je ne ſuis plus le maître;
Mon encre... mes crayons... tu ſauras qui je ſuis ;
Il parle de Laurier ! devant moi !... Je frémis....
A moi,* Moutard, à moi ! viens me venger d'un traître.

PEGASE.

O Pédant, plus fougueux & plus rétif que moi !
Je rougis que vers toi l'humeur m'ait pu conduire.
Je retourne à Ferney demander de l'emploi,
Et me purger de l'air qu'en ces lieux on reſpire.
La juſtice & l'honneur m'en impoſent la Loi ;
L'aſyle de Voltaire eſt encor mon empire.
Je le vois : ſon nom ſeul te cauſe un juſte effroi ;
Rampe & ſiffle à ſes pieds.... adieu, je me retire.
Subalterne Zoïle, Ariſtarque ſans foi,
Tu me dégoûterois même de la ſatyre,
Et les chevaux aîlés ne ſont pas faits pour toi.

---

* Libraire de M. Clément.

LE COUREUR ALERTE,

OU

LA MOISSONNEUSE.

CONTE.

DANS un Pays, qu'on ne m'a point nommé,
Aſſez heureux, grace à ſon ignorance,
Et dont le Peuple, au ſein de l'innocence,
A réfléchir n'eſt point accoutumé;
Dans ce Pays, orné par la Nature,
On moiſſonnoit les tréſors de Cérès.
Là, plus qu'ailleurs, la terre, avec uſure,
Paye au travail le tribut des guérêts.
Le bon Jérôme, & ſa fille Jeannette,
Des autres champs en ont un ſéparé:

D'une faucille il arme la Brunette ;
Et la moiſſon ne rend pas à leur gré.
Jeanne a quinze ans ; c'eſt être à ſon aurore.
De la jeuneſſe elle unit tous les dons ;
Un teint vermeil, que la ſanté colore,
Bouche bien fraîche, & quelque choſe encore...
On peut enfin lui conter ſes raiſons ;
Elle eſt dans l'âge où l'amour doit éclore.

Quand on moiſſonne, on a, vous le ſavez ;
Jupon très-court ; auſſi Jeannette a-t-elle.
Sa jambe eſt nue, & n'en eſt que plus belle ;
Tous ſes attraits ne ſont plus captivés.
De ſa chemiſe à demi rattachée
Tant bien que mal, elle couvre ſon ſein ;
Et de Zéphir le ſouffle clandeſtin
Peut des amours découvrir la nichée.
Auſſi Zéphir eſt là dès le matin.
Que fait Jérôme ? Il dort ſur un tas d'herbes ;
Exténué ſous le poids du Labeur ;
Et ſa compagne avec la même ardeur,
S'en va coupant, puis aſſemblant des gerbes ;
Et travaillant comme un vrai Moiſſonneur.
Par ce travail, au moins je l'imagine,
Le dos ſe courbe, & la tête s'incline ;
Et tel qui paſſe, en un ſemblable cas,
Peut entrevoir tout ce qu'il ne voit pas.

Tandis qu'ainſi Jeannette ſe démène,
Tout près de-là, ſurvient, par accident,
Un Coureur Négre, au viſage d'ébène,
Drôle bien fait, léger comme Hippomène,
Fort comme Hercule, & non pas moins ardent.
Dans le moment de l'attitude heureuſe
Que l'on ſait bien, l'agile Négrillon
D'un œil laſcif lorgne la Moiſſonneuſe,
Et ſtimulé du charnel aiguillon,
Sent du deſir la chaleur amoureuſe
Le galoppant, de la tête au talon.
Jérôme dort, & ſeule eſt la fillette,
L'autre eſt en feu: bref, il n'héſite pas;
Il court, il vole, il eſt près de Jeannette,
Diſſimulant juſqu'au bruit de ſes pas....
Il vous la prend dans la même poſture,
Où je l'ai peinte au Lecteur curieux;
Et priſe ainſi, la pauvre créature,
Se débattant, s'engageoit encor mieux.
Mais ſur le Monſtre ayant jetté les yeux,
A ſa couleur, elle croit voir le Diable,
Et la voilà d'un tremblement affreux,
Se réſignant à la fougue damnable
De ſon Démon, qu'elle met dans les Cieux.
A ſes aſſauts nul effort ne s'oppoſe:
Secret pourpris où la pudeur repoſe,

Frêle rempart contre l'amour dreſſé,
Il franchit tout, il a tout renverſé.
Le clos de Jeanne eſt jonché de ruines,
Et mon Coureur, de jouir fort preſſé,
Ravit la fleur, à travers mille épines.
Son butin fait, auſſi prompt que le vent,
Il court encore.... & mieux qu'auparavant.
Avec eſprit Jérôme alors s'éveille.
Jeanne, en criant, ſe ſauve dans ſes bras,
Du noir Lutin lui conte la merveille;
Comment ſa griffe a bleſſé ſes appas;
Ce qu'il a fait, de quel ſens il l'a priſe;
Allant, venant, d'un train de Lucifer.
C'étoit, dit-elle, un vrai tiſon d'enfer.
La peur bientôt ſuccède à la ſurpriſe:
Notre hébêté ſe ſigne, par trois fois,
Se ſigne encor, friſſonne, perd la voix,
Et va ſonner les cloches de l'Egliſe.
Trois mois paſſés, Jeannette s'arrondit;
Mourant de peur, & la damnant d'avance;
Bien tendrement, Jérôme la maudit.
Le terme vient, & ſa peur recommence.
Il ſe blotit au fond de ſon caveau.
D'un petit Négre enfin Jeannette accouche;
Il l'exorciſe, & défend qu'on y touche;
Puis va trouver le Paſteur du Hameau,

D'avance inſtruit de cette belle affaire.
Du nouveau né, dit-il, qu'allons-nous faire ?
Il ſeroit bon de le jetter à l'eau ;
C'eſt un enfant dont le Diable eſt le père ;
Noir comme lui.... comment l'apprivoiſer ?
Il m'a tout l'air d'un franc Démon... N'importe,
Dit le Curé ; vîte, qu'on me l'apporte :
A tout hazard, il faut le * * * *. (*a*)

(*a*) La variété qu'exige un Recueil de Poéſies, m'a fait hazarder cette bagatelle ; mais j'ai tâché de ne me pas permettre une expreſſion qui put choquer l'oreille la plus ſévère.

VERS
A
MADAME LA COMTESSE DE B**,

Préſentés par M. ſon Fils, le jour de ſa Fete.

Je dirai tout, ſans nul déguiſement;
Ainſi que toi, je ſuis ſincère.
Hier, bien clandeſtinement,
J'allai faire un tour à Cythère:
On ne va là que pour chercher l'Amour.
Ce Dieu doit être de mon âge;
Je me le peins ſous ton image,
Et pour te chanter, en ce jour,
Je voulois avoir ſon langage.
Vénus, aux regards ſéduiſans,
Et qui, ſans toi, m'eût paru belle,
Vénus, ſous des myrtes naiſſans,
Me voit, me ſourit, & m'appelle:

Tu veux fêter Eglé, dit-elle :
Tiens ; voici deux de mes enfans
Qui pourront éclairer ton zèle.
Je les ſuivis. L'un de fleurs couronné,
A mes tranſports ſembloit s'attendre :
Mais il eſt plus galant que tendre ;
J'étois moins ému qu'étonné,
Et je me laſſai de l'entendre.
L'autre, bien moins ingénieux,
Et laiſſant couler quelques larmes,
Après avoir vanté tes charmes,
Pour ton bonheur forma des vœux....
Ton émotion me décide,
M'écriai-je, ſers-moi de guide ;
Pour Maître, c'eſt toi que je veux.
Toutes les roſes de ton frère
Se faneront dans un moment :
Tu ſais pleurer, tu ſauras toujours plaire.
Amour, ton langage eſt charmant ;
De tant d'eſprit, qu'avois-je à faire,
Pour exprimer un ſentiment ?
Alors, cherchant l'abri d'une grotte écartée,
Il m'apprit ſes ſecrets divers,
Et je t'offre aujourd'hui les Vers
Que j'écrivis ſous ſa dictée.

BILLET
A M. LE MARQUIS
DE SAINT-MARC.

Muses, vos berceaux ſont plus verds,
C'eſt le tems des Métamorphoſes :
Le mois qui fait naître les Roſes
Inſpire auſſi les jolis Vers *.
Mais les doctes enchantereſſes
Me ferment leur divin Boſquet ;
Adieu le tems de leurs careſſes !
Je ne ſuis plus dans leur ſecret ;
Et depuis qu'on m'a mis au lait,
Je ne ſuis guére à mes Maîtreſſes.

* J'en avois reçu de charmants, dont l'Auteur ne ſe nommoit pas.

Quoi qu'il en ſoit, au rendez-vous
Je ne veux point me faire attendre.
J'irai le voir, j'irai l'entendre
Celui dont les chants ſont ſi doux.
Un Poëte aimable eſt ſi rare !
De bons Vers, on en lit ſi peu !
Lorſque l'on dîne chez Chaulieu,
Quel bonheur d'y trouver Lafarre !

COMMENT

COMMENT DONC FAIRE?

J'AIMOIS Iſmène, Iſmène étoit aimable.
Je fus long-tems fier d'un ſi beau lien ;
Mais ſon amour étoit inexorable :
Un geſte, un mot, le plus ſimple entretien,
Tout m'accuſoit ; j'étois toujours coupable :
Aimant Iſmène, il falloit n'aimer rien.
Epiant tout, mon ombrageuſe Amie
Dans un coup d'œil voyoit cent trahiſons,
Ouvroit ſon cœur à l'eſſaim des ſoupçons,
Et m'enlevoit le charme de ma vie :
La biſe ainſi vient ſécher les moiſſons.
Chaque Beauté, dont la grace piquante,
Dont les vingt ans ſe faiſoient trop citer,
Aux yeux d'Iſmène en avoit toujours trente,
Et dix de plus, ſi j'oſois diſputer.
La taille noble étoit ſans élégance ;
L'air vif & gaî paroiſſoit indécent ;
La dignité ſe nommoit arrogance ;
On trouvoit fade un air intéreſſant :

D'une injuſtice, ou, d'une humeur nouvelle,
Pendant le jour, ſi je m'étois ſauvé,
La nuit bientôt me brouilloit avec elle:
Elle rêvoit que j'étois infidelle,
Et j'expiois ce qu'elle avoit rêvé.
Aſſez long-tems je fis tête à l'orage,
Traînant le joug quoiqu'il fut douloureux;
Le cœur ſe laſſe, & l'on devient volage,
Avec l'eſpoir d'être enfin plus heureux.

Je vis, j'aimai, j'idolâtrai Julie:
Autre tourment. Son cœur paiſible & doux
A le malheur de n'être point jaloux;
D'aucune crainte elle n'eſt pourſuivie.
De ſoins cruels à mon tour agité,
Mes premiers maux ſont des biens que j'envie;
Je ſuis Martyr de ſa tranquillité.

Dieu des Amours, mon injure eſt la vôtre.
Ecoutez-moi, j'implore votre appui.
Je voudrois bien que l'une eut aujourd'hui
Tous les défauts qui m'ont fait quitter l'autre!

A DÉLIE.

De contraſtes charmans quel piquant aſſemblage !
Frivole aujourd'hui, demain ſage,
Vous occupez le cœur & l'eſprit tour-à-tour.
Chez vous, chaque inſtant, chaque jour
Voit naître une Métamorphoſe ;
Vous déſolez gaîment ceux qui vous font la cour,
Et même vos refus accordent quelque choſe.
Vous penſez, vous riez, vous êtes un lutin
Qu'on ne conçoit pas, & qu'on aime.
Hélas ! pourquoi, quand vous changez ſans fin,
Me plaiſez-vous toujours de même ?

IDILLE,

EN DIALOGUE,

Récitées par deux Enfans devant ſon Alteſſe Séréniſſime Mademoiſelle de B....

MIRTIL.

VOIS-TU le beau jour qui s'apprête ?

EGLÉ.

Vois-tu le vif éclat des Cieux ?
De Louiſe fille des Dieux,
N'eſt-ce pas aujourd'hui la fête ?

MIRTIL.

Viens : pour elle cueillons ces fleurs,
Tribut de la naiſſante aurore,
Qui les arroſa de ſes pleurs.

EGLÉ.

Donne-t-on des bouquets à Flore ?

MIRTIL.

Quels peuvent être nos présens ?
A la plus belle des Déesses
Que peuvent offrir des Enfans,
Sinon des roses, des caresses ?

EGLÉ.

Ajoute donc des sentimens.
Aujourd'hui j'ai lu dans la fable
Que rien n'est si beau que l'amour :
Mais la Nymphe de ce séjour
Est sûrement bien plus aimable ;
Son ame, son ame adorable
Est sans malice & sans détour.
Cet Amour est un Dieu qui blesse,
Et qui, dit-on, lance des traits ;
Moi, j'aime bien mieux la Déesse,
Qui ne répand que des bienfaits.

MIRTIL.

Eh bien ! signalons notre zèle.

Tombons, ma sœur, à ses genoux;
Laissons parler un cœur fidèle.
Elle sait plaire mieux que nous,
Mais nous savons aimer comme elle.

QUATRAIN
A MADAME ***.

Tu ne peux inspirer que des ardeurs fidèles:
Oui, près de toi, Zélis, fixez par tes appas,
L'amour malheureux n'a point d'aîles,
L'amour heureux ne s'en sert pas.

PORTRAIT

QU'ON RECONNOITRA.

Poete, Hiſtorien, Géomètre, Orateur,
Dans le vaſte champ du génie,
De chaque genre il a cueilli la fleur.
Il briſe, en ſe jouant, le ſceptre de l'erreur,
Pour ſauver d'une main hardie
Licurgue le Législateur,
Marc-Aurèle & Trajan, l'amour de leur Patrie,
Et Titus, ce bon Roi, qui vaut bien un Docteur.
Par ſes jolis Romans l'Hiſtoire eſt embellie.
Dans l'Epopée & dans la Tragédie,
Ornant ce qu'il dérobe, il eſt plus qu'inventeur.
Raphaël par le goût, *Rubens*, pour la couleur,
Il hérita de leur magie.
On aime ſa raiſon, plus encor ſa folie:
Et l'on m'oſe accuſer d'être ſon détracteur!

Pourquoi ? C'eſt que fier d'être libre ;
Je n'ai point endoſſé le cinique manteau ;
C'eſt que, me repoſant dans un ſage équilibre,
Je vis avec moi-même, & penſe *incognito* :
C'eſt que, raiſonnant mon eſtime,
De l'orgueil littéraire oſant me faire un jeu,
J'ai dit dans quelque folle rime,
Qu'on n'eſt pas tout-à-fait un Dieu
Quoiqu'on ſoit un Auteur ſublime,
Et que, dans tout, l'homme ſe montre un peu.
Plus de ſalut pour moi ! mes cenſeurs que j'admire,
* Et qu'en les admirant j'ai rendus furieux,
Voudroient qu'à leurs dépens on n'osât jamais rire,
Mais, je ſuis leur valet : j'aurai pour moi les jeux,
Ils auront pour eux la ſatyre.

---

* L'admiration (pour certaines gens) eſt la plus ſanglante des Epigrammes.

A MADEMOISELLE DOLIGNY. *

Je ne crois guère aux Médecins :
Ils parlent, jugent, définiſſent,
Et preſque jamais ne guériſſent,
Sinon, les gens qui ſont bien ſains :
Mais, puiſque tu veux m'entreprendre ;
Petit Eſculape charmant,
Je cours, ſans oſer m'en défendre,
Tous les riſques du traitement.
Tes remèdes ſont doux à prendre.
Surtout, un peu de bonne foi ;
Joli Docteur, point d'embuſcade ;
Trop d'amour eſt mortel pour moi ;
Et je pourrois, guéri par toi,
Me retrouver bien plus malade.

* Je lui demandois la recette d'un élixir pour l'eſtomach.

LA

VRAIE PHILOSOPHIE.

AMIS, point trop d'impatience :
Le jour, n'implorons point la nuit.
Cette ardeur de la jouissance
Est souvent ce qui la détruit.

DANS le mois où croît l'Aube-épine,
Votre chaleur a tout hâté :
Rien n'a mûri dans votre Eté,
Et l'Hiver vous crierez famine.

N'AI-JE point épuisé les fleurs,
Dont au Printems on se couronne ?
C'est pour trouver encor meilleurs
Les fruits cueillis dans mon Automne.

JE cherche partout le plaisir :
Mais lorsque ma recherche est vaine
Je sais jouir de mon desir,
Quelquefois même de ma peine.

A MADAME DE...

En lui envoyant des Oranges de Malte.

Un vieux Dragon veilloit jadis
Sur le jardin des Hefpérides :
Il écartoit les mains avides ;
Les regards même étoient punis.
Un jeune enfant, non moins fidèle,
Garde aujourd'hui les pommes d'or ;
Il les garde pour la plus belle,
Et barricade fon tréfor.
J'approche, fon œil étincelle,
Il faifit fon arc menaçant :
Mais je te nomme, &, dans l'inftant,
Voilà mon Argus qui chancelle.
Prens, me dit-il, cueille, choifis :
Chloé feule excitoit mon zèle ;
Porte à fes pieds l'arbre, les fruits...
Et, fi tu veux, le fentinelle.

A MADAME
LA COMTESSE DE...

Dans un grouppe voluptueux
Pigal unit l'amour & l'amitié fidelle ;
Et, s'il en faut croire nos yeux,
Tes traits à la dernière ont ſervi de modèle :
Quelle amitié ! l'amour n'eſt pas plus dangereux.
Tu bleſſes comme lui, ſi tu ſouris comme elle....
Vas, tu reſſembles à tous deux.

A
M. LE CHEVALIER DE C...*

DANS le Temple où Vénus préside,
Sont des niches pour les pécheurs.
C'eſt là qu'ils vont d'un air timide
Avouer leurs jeunes erreurs.
Avec une mine hypocrite,
De petits Bonzes emplumés,
Mais ſous le froc toujours armés,
Les attendent dans leur guérite.
Ils empruntent le ton caffard,
Affichent la ferveur du zèle :
En bon françois cela s'appelle,
S'aller confeſſer au Renard.

* A l'occaſion de quelques Vers, intitulés. *Ma Confeſſion.*

JOLI Pénitent de Cythère,
Voilà, je crois tes Directeurs,
Tu nous reviens, la chose est claire,
Perverti par tes Confesseurs.

QUATRAIN
POUR LE PORTRAIT
DE M. DE LA LANDE.

DE la sphère étoilée il nous transmit l'Histoire;
A ses calculs savants l'Univers est soumis:
Mais, cherchant le bonheur, qui vaut mieux que la gloire,
Pour jouir sur la terre, il s'est fait des amis.

L'IRRÉSOLUTION.

C'EN eſt fait : allons, je me rends ;
Zélis, aura la préférence.
Oui, j'aime ſes grands yeux mourans,
Et ſa naïve négligence.
Que ſes regards ſont éloquens !
Ils donnent de l'ame au ſilence,
Et Glycère, & ſes dix-ſept ans
Ne ſont plus rien dans la balance....
Mais la friponne, quand j'y penſe,
A des attraits bien ſéduiſans !
Quel babil ! quelle extravagance !
Comme elle rit de ſes ſermens !
Zélis eſt belle, Zélis penſe,
Et cela doit intéreſſer :

Glycère a plus; ſa pétulance
Jamais ne l'expoſe à penſer.
Cependant, je ne puis le taire,
Zélis ſourit bien tendrement!
Mais l'autre hélas! me déſeſpère,
Et me déſole ſi gaîment!
Je lui ſais gré de ma colère,
Et peut-être de mon tourment.
Il faut donc adorer Glycère!...
Mais Zélis a tant de vertus!...
Mais l'autre a de ſi jolis vices!...
L'une a des charmes ingénus:
L'autre plaît par ſes artifices.
Zélis, exempte d'injuſtices,
A l'eſprit égal & conſtant....
Glycère change à chaque inſtant:
N'eſt-ce donc rien que des caprices?
Ah! c'eſt trop: Zélis a des mœurs,
Et je dois tout quitter pour elle:
Mais, plus maligne que cruelle,
Glycère affecte des rigueurs....
Cela diſtrait un cœur fidèle.
Dans la criſe de ces combats,
Que réſoudre enfin, & que faire?
Oui, oui, pour ſortir d'embarras,
Commençons par avoir Glycère.

Et

Et, toi, Zélis, que je préfère,
Contre moi, ne vas point t'armer :
Je me dépêche de lui plaire,
Pour ne plus ſonger qu'à t'aimer.

QUATRAIN
POUR LE PORTRAIT
DE M. D'HÉRICOURT.

IL reſpire ! c'eſt lui ! la grace, la douceur,
L'eſprit, le ſentiment, l'art d'aimer & de plaire,
Tout parle dans ſes traits, & j'en ſais le myſtère ;
C'eſt, qu'en peignant ſes traits, on a lu dans ſon cœur.

A M. LE MARÉCHAL
DE RICHELIEU.

ENTRE les palmes de Mahon,
Pour vous ſeul reverdit encore
La couronne d'Anacréon,
Et, ſans vieillir comme Titon,
Vous fêtez bien plus d'une aurore.
Votre automne eſt un long primtems.
Vous cueillez à tous les inſtans
Les fleurs du matin de la vie,
Et l'amour amuſe le tems,
Pour qu'à jamais il vous oublie.
Ah ! conſervez ces goûts charmans,
Cette aimable Philoſophie,
Cette fleur de galanterie
Qui vaut bien les beaux ſentimens
De la gothique Bergerie ;

Rendez Ovide à ma patrie,
Et laiſſez un Code aux Amans;
Déſolez, enchantez nos Belles,
Et puiſſiez-vous, grondé par elles,
Entendre encore après cent ans
Tout ce qu'on dit aux Infidèles!

QUATRAIN

A MADAME***

CE ſéjour où mon œil contemple
Des Arts le magique pouvoir,
Loin de toi n'eſt plus qu'un boudoir....
Parois, le boudoir eſt un temple.

L'OMBRE
DE GABRIELLE.
ROMANCE.

CHARMANTE Gabrielle,
Toi, ſi chère à nos cœurs,
Que ton ombre fidelle
Se couronne de fleurs.
Paris te rend hommage
En ce moment;
Il applaudit l'image
De ton Amant.

ADORABLE Maîtreſſe
Du plus grand des Henris,
Que j'aime ta foibleſſe!
Combien je te chéris!

C'eſt trop peu qu'une Belle
Puiſſe charmer.
Pour ſe rendre immortelle
Il faut aimer.

Nos rives retentiſſent
Du nom de ton Héros.
Ses palmes refleuriſſent
Sous de rians pinceaux.
On croit encor l'entendre.
Chez les François
Un Roi gaî, brave, & tendre,
Ne meurt jamais.

Que dis-je ? il reſſuſcite;
Il vient nous conſoler,
Louis déjà l'imite,
Et veut lui reſſembler.
L'ame & les ſoins d'un père,
Il les aura.
Ce qu'Henri vouloit faire
Il le fera.

LA REVERIE.

ROMANCE. *

O rêverie
chérie
Au gré de mes desirs,
Peins-moi, ma Zélie :
Zéphirs
Portez-lui mes soupirs,
Et qu'elle en soit attendrie !
Quel tourment que l'absence !
Dès que le jour commence,
Ma peine & mon ennui
Semblent renaître avec lui.

* Air *D'Albanèse* : Déjà l'Aurore colore.

La Tourterelle
M'appelle.
Près de ces antres ſourds
Je gémis comme elle.
Toujours
Nous contons aux amours
Quelqu'infortune nouvelle.
Combien ſa voix eſt tendre !
Je me plais à l'entendre :
Ses chants & ſa douleur
Ont leur écho dans mon cœur.

La foudre gronde.
Cette onde
S'enfuit avec fracas :
Quelle nuit profonde !
Hélas !
Il ſemble ſous mes pas
Que l'Univers ſe confonde :
Peut-être par Zélie
Mon ardeur eſt trahie,
Le Ciel en ces momens
Lui rappelle nos ſermens.

La nue obſcure
S'épure....
Mais quels nouveaux accens!
Sous cette verdure
J'entends
La voix de deux Amans.
Des ſoupirs j'entends le murmure.
Quand je meurs de triſteſſe,
Leur paiſible tendreſſe
Jouit ſans nul effroi....
Et la tempête eſt pour moi.

LE PORTRAIT
RECONNU.

DANS un boſquet de ſa mère,
L'aîné des Amours raſſembla
Tous les bons Devins de Cythère:
Que de fripons ſe trouvoient là !
Pſyché, dit-il, m'avoit ſçu plaire:
Une autre me tient ſous ſes loix,
Par le portrait que j'en vais faire,
Devinez l'objet de mon choix.
A la fraîcheur de la jeuneſſe
Son front unit la majeſté ;
Sa beauté ravit, intéreſſe ;
Sa grace ajoute à ſa beauté ;
Dans ſes yeux l'eſprit étincelle ;
Rien n'eſt ſi doux que ſes accens,
Et ſa bouche eſt la fleur nouvelle
Ecloſe au ſouffle du printems.

A ces mots, on cauſe, on murmure :
Sur qui ſon choix eſt-il tombé ?
Chacun devine à l'aventure :
L'un nomme Flore, & l'autre, Hébé.
J'Y penſois, dit avec fineſſe,
Le plus malin des petits Dieux :
Quand l'Amour veut une Maîtreſſe,
Il doit la chercher dans les Cieux.
QUE fait l'immortel diadême,
Reprit ſon frère avec ardeur ?
La Nymphe charmante que j'aime,
Vaut cent Déeſſes pour mon cœur.
On la verroit ſimple Bergère
Regner encor par les attraits ;
Son empire, c'eſt l'art de plaire :
Elle aura toujours des ſujets.
L'Hymen lui treſſe une couronne ;
Les plaiſirs portent ſes couleurs ;
Jouant ſur les degrés du trône,
L'eſſaim des ris qui l'environne,
Lui préſente un ſceptre de fleurs.
TOUT-A-COUP plein d'impatience,
Le Chœur des Amours s'écria :
Eh ! c'eſt la Nymphe de la France :
Nous connoiſſions ce Portrait-là.

RECETTE

CONTRE LA SATYRE.

AUTEURS du jour, pauvres modernes ;
Qu'on a tant de fois outragés ;
Martyrs des haînes ſubalternes,
Toujours honnis, jamais vengés,
Salut, honneur & douce amie !
Réſignez-vous avec gaîté ;
Chacun, dit-on, a ſa manie.
Vos Cenſeurs, pleins d'aménité,
Ont celle de porter envie
Au talent quand il eſt fêté,
Et de dépouiller le génie,
Pour revêtir leur nudité.
Plaignez ce tic par bonhomie,
Et ſouffrez-le par charité.
Les cris oppoſés aux injures,
Et les raiſons, & les murmures,

Rien n'y fera, ſinon le tems ;
Ces Meſſieurs, toujours plus ardens,
Ne ceſſeront de vous pourſuivre :
En grippe ils ont pris les vivans ;
Un mort, quel qu'il ſoit, les enivre.
Auſſi, ſans égard pour les gens,
Pourquoi vous obſtiner à vivre ?
En effet, le beau paſſe-tems !
Pour déſarmer leur foule obſcure
Eſſayez d'un ſecret certain :
Mourez aujourd'hui, je vous jure
Qu'on vous fait immortels demain.

MON
PREMIER MOT. *

QUAND des Cieux le ſouverain Maître
Commandant au ſombre cahos,
Du néant eut fait ſortir l'être,
Les élémens de leur repos :
Au Lion ardent & ſuperbe
Qui déjà bondiſſoit ſur l'herbe,
Il dit : règne dans les forêts,
Jouis des droits que je te donne.
Que par-tout l'effroi t'environne :
Les animaux ſont tes ſujets.
Docile à cette voix féconde
Qui venoit d'enfanter un monde,

* Dans le genre de l'Epigramme.

L'Aigle dans les airs se perdit,
Et fixa la céleste lampe.
Cette voix dit : insecte, rampe....
C.... se l'est tenu pour dit.

MADRIGAL

A MADEMOISELLE...

En lui envoyant le Recueil des vingt Baisers.

VINGT ! ce nombre là t'effarouche.
Pour tous les vingt, jeune Psyché,
Si j'en obtiens un de ta bouche,
Je croirai faire un grand marché.

L'AMANT EMBARRASSÉ.

ROMANCE.

Air : *Lison dormoit.*

RÉPONS, Amour, que dois je faire,
Pour voir la fin de mon tourment?
J'adore Eglé, mais ſans lui plaire :
Trop heureux qui plaît en aimant!
Je fus toujours ſoumis & tendre,
Toujours en vain ; hélas ! pourquoi?
Hélas ! pourquoi ?
Hélas ! pourquoi ?
Refuſe-t-elle de m'entendre?...
Dis-moi pourquoi,
Dis-moi pourquoi?
Inſtruis un cœur formé par toi.

Du jeune Hilas qui l'intéreſſe
Je ne veux plus être jaloux,
Hilas jouit de ma triſteſſe ;
J'amuſe Eglé par mon courroux ;
L'ingrate aura beau lui ſourire,
Sans trouble je verrai cela,
Je l'attens là ;
Je l'attens là.
Plus de tranſports, plus de délire.
Je l'attens là,
Je l'attens là.
O l'heureux projet que voilà !

Mais par malheur, ſi la cruelle
Se moquoit d'un calme affecté ;
Ne me punis pas au lieu d'elle,
En me rendant ma liberté !
Dieu charmant, laiſſe-moi ma peine,
Et que ſes yeux en ſoient témoins !
Garde tes ſoins
Garde tes ſoins,
J'aime à ſouffrir pour l'inhumaine.
Garde tes ſoins,
Garde tes ſoins,
Si par eux je dois aimer moins.

Mirtil ainſi dans le bocage
Abandonnoit ſa plainte au vent;
Lorſqu'à travers l'épais feuillage
Une voix lui dit: ſois conſtant.
Ton bonheur ſera mon ouvrage;
Un jour Eglé s'attendrira.
S'attendrira,
S'attendrira,
Redit l'écho du voiſinage;
S'attendrira,
S'attendrira....
Et l'heureux Mirtil eſpéra.

COUPLET
FAIT A UN SOUPER.

Même Air.

De ces beaux lieux Nympes charmantes,
Qui de vous obtiendra le prix ?
Au même degré séduisantes,
Vous enchantez l'œil indécis.
Esprit, gaîté, graces, décence!...
Dans quel embarras nous voilà!
Attraits par ci, charmes par là,
Tiennent tous nos cœurs en balance:
Flore est ici, Vénus est là,
Ma foi, choisisse qui pourra!

LE SOUHAIT.

ROMANCE.

Air : *De mon Berger volage.*

SERIN je voudrois être,
Pour fêter dans mes chants
Les beaux jours que font naître
Thémire & le Printems;
Pour la ſuivre au bocage,
Voler ſur ſon chemin,
Ou, de peur de la cage,
Me ſauver dans ſon ſein!

LA, j'entrevois deux roſes,
Que j'irois béqueter;
Pour ſes lèvres mi-cloſes,
Il faudroit les quitter;

Ne ſachant auprès d'elle
Où fixer mon deſir,
Chaque vol infidèle,
Me vaudroit un plaiſir.

DANS ces doux exercices,
Je paſſerois le tems,
Enivré de délices,
Sans prévoir les tourmens;
Puis le ſoir avec l'ombre,
J'irais, rempli d'amour,
Conter à la nuit ſombre
Tous les plaiſirs du jour.

RONDE DE TABLE.

Air : *Enfans de quinze ans, &c.*

LAISSONS en paix les Parlemens,
La Cour, la Ville & les Miniſtres,
Ceux qui s'en vont, les revenans,
Et du Code les vieux Regiſtres;
Couronnons nos coupes de fleurs,
Soyons gais, & point raiſonneurs.
Chantons en refrain:
Vive Alexandrine & le vin!

O l'heureux ſiècle! ô le bon tems!
Félicitez-vous donc, Meſdames!
Le Ruſſe bat les Ottomans,
Et bientôt vengera leurs femmes:
Pierre le Grand l'avoit prévu
Que le Grand Turc ſeroit cocu.
Chantez en refrain:
Vivent nos Vengeurs & le vin!

N'EN déplaiſe à Mons Mahomet,
Toi, que l'on aime à la folie,
Tu vaux mieux, je le dis tout net,
Que ſa Houri la plus jolie.
Choiſis un Sultan parmi nous,
Turc au beſoin & peu jaloux.
Qu'il chante en refrain,
Et ſa Sultane & le bon vin!

SI tu nous donnes quelqu'Edit,
Tu verras quel eſt notre zèle;
Il ne ſera point contredit,
Ordonna-t-il d'être fidèle.
Belles, vos Arrêts ſont toujours
Enrégiſtrés par les Amours.
Chantons en refrain,
Vive la conſtance & le vin!

LES REGRETS

ROMANCE. *

DES Amours fidèle interprête,
J'ose te confier mes feux ;
Gémis, solitaire musette,
Lisis est absent de ces lieux.
Mais il est toujours dans mon ame ;
Ses traits y sont toujours nouveaux :
Ne m'entretiens que de sa flamme,
Et du dépit de ses rivaux.

LES doux accords de Philomèle
Charment les échos de ces bois.
Si tu veux l'emporter sur elle,
De Lisis imite la voix.

* L'air qui est de M. Monsigny, se trouve noté dans l'Almanach des Muses, année 1770.

Redis les airs qu'il sût m'apprendre ;
Redis le nom de mon Amant :
Jamais Berger ne fut plus tendre.
Peins, comme lui, le ſentiment.

Bords deſerts cachez ma triſteſſe ;
Grottes, répétez mes ſoupirs.
Cher Liſis, rien ne m'intéreſſe,
Que le regret de nos plaiſirs.
Raſſure une Amante inquiéte,
Ne diffère plus ton retour ;
Viens. . . . & fais taire ma muſette,
En me parlant de ton amour !

LA FUITE INUTILE.*

CHANSON.

L'AUTRE jour j'apperçus Lisette,
Triste & déjà loin du hameau,
Avec pannetière & houlette,
Mais sans son chien ni son troupeau:
Je lui dis : où vas-tu, la Belle,
Avec l'air de te désoler ?
Je fuis l'amour, me répond-elle,
Et si loin qu'il n'y puisse aller.

* Air de M. Dorat, noté dans l'Almanach des Muses, année 1771.

Ton erreur, lui dis-je, eſt extrême :
Un vain dépit te fait la loi ;
Ton cœur te ſuit ; ſi ton cœur aime,
L'ennemi voyage avec toi.
Reviens parmi nos Paſtourelles,
Si tu n'as pas d'autres ſecours :
Le Dieu que tu fuis a des aîles ;
Il te rattraperoit toujours.

LE SONGE.

CHANSON.

Air : *L'Amant frivole & volage.*

DANS les Jardins de Cythère,
Auprès de toi cette nuit,
Sous un bosquet solitaire,
Un songe m'avoit conduit.
Dieux ! quels charmes ! quelle ivresse !
Vénus n'a point tant d'appas,
Tu cédois à ma tendresse,
J'allois mourir dans tes bras.

Mais l'Amour qui toujours veille,
Fut jaloux de mon bonheur ;

D'un coup d'aîle, il me réveille;
Tu n'es plus que dans mon cœur:
Tout s'envole avec le ſonge,
Et rien, hélas! n'eſt reſté
De cet aimable menſonge,
Que ma flamme & ta beauté.

A DÉLIE.

QU'UN Auteur ordinaire efface,
Il fait très-bien, aſſurément:
Mais toi, dont l'Amour ſuit la trace,
Toi, qu'inſpire ce Dieu charmant,
Uſe du moins bien ſobrement
Du conſeil épineux d'Horace.
Délie, efface rarement,
De peur d'enlever une grace
Ou de rayer un ſentiment.

A LA MEME,

En lui envoyant le Syſtême de la Nature.

TOUT me prouve & me dit qu'un Dieu doit exiſter.
Qui t'adore, lui rend hommage ;
Tes beaux yeux en offrent l'image,
Et qui connoît ton cœur, n'oſe plus en douter.

A

M. MARILLIER.

VIVENT d'habiles Interprètes !
Je m'affligeois ; tu viens me consoler :
Mes Bêtes me sembloient muettes ;
Et ton crayon les fait parler.
Quels ingénieux artifices !
Que de traits délicats sous tes doigts sont éclos !
Emule des Cochins, Rival des Gravelots,
Je t'ai fourni quelques esquisses ;
Tu les transformes en tableaux.
Graces à toi, mes Moutons m'attendrissent ;
Je prends en haine mes hiboux ;
Mes Singes, mes Renards, mes Rats me divertissent ;
Et j'ai presque peur de mes Loups.

Grand-merci de cette imposture !
L'ouvrage te doit tout son fard :
Mes Animaux n'étoient qu'Enfans de l'Art ;
Et tu les rends à la Nature.
Cueille la palme des talens ;
Parmi les noms fameux que l'avenir te cite ;
La Fontaine est mort pour long-tems ;
Mais Oudri dans toi ressuscite.

LE
SÉNAT DES AIGLES.
ALLÉGORIE.

Hors le bon emploi du moment
Rien n'eſt ſolide ſur la terre :
Le plus bel établiſſement
Se détruit à la longue, ou du moins, dégénère.
Ce qui fut un temple autrefois,
N'eſt de nos jours qu'une guinguette :
Ce Peuple que Tarquin ne put ſoumettre aux Rois,
Un Dictateur le mène à la baguette....
Chut!... au bon tems paſſé qui vaut bien le nouveau,
Jadis les Aigles s'aviſèrent
D'être en Corps réunis : le projet parut beau!
Foi d'Aigle même, ils ſe jurèrent
D'exclure, ſans pitié, tout ſubalterne Oiſeau :

Il falloit, pour entrer, un titre légitime,
Nommer, produire ſes Ayeux;
Des plus hauts monts franchir la cîme;
Affronter les éclairs ſous un ciel orageux,
Sonder des feux du jour l'éblouiſſant abîme,
Et d'un œil intrépide enviſager les Cieux.
Pendant un ſiècle, on fut incorruptible;
Un ſiècle! c'eſt beaucoup: quel corps, chez les humains
Pendant ce tems eſt infaillible?
Mais, tout s'uſe & périt; c'eſt la loi des deſtins.
Le Sénat, par degrés, devint moins inflexible.
Un Sénateur, un jour, propoſa le Milan,
Oiſeau d'honneur, dit-il, hardi pour entreprendre:
Si nous avions la guerre, il ſauroit nous défendre;
Vous connoiſſez ſa force & ſon rapide élan.
Choix politique! Il paſſe. Après quelques années,
Certain Aigle, ami d'un Furet,
Voulant qu'il partageât ſes belles deſtinées,
Preſſentit le Sénat ſur le nouveau ſujet.
D'abord, on le traita d'ennemi domeſtique,
Et de brouillon qui vouloit tout gâter:
Unanime refus: mais il oſe inſiſter;
S'il eſt, dit-il, quelque ſourde pratique,
Frère Furet, de courir, de troter,
Et ſurement de l'éventer
Au profit de la République:

Il faut des gens qui ſachent fureter ;
Et de mon protégé le talent eſt unique,
Pour tout voir, tout entendre, & pour tout rapporter :
A ce diſcours, plus de réplique.
Le Candidat ſe gliſſe, il en fallut tâter.
La Corneille, la Pie, ou de ſemblables gaupes,
Avec des Protecteurs eurent auſſi leur tour,
Et, parmi des Oiſeaux faits pour l'éclat du jour,
On reçut à la fin, devinez qui ?... des Taupes.

QUATRAIN
SUR
LA FONTAINE.

IL ſait unir la grace avec la négligence.
Il viole par fois l'art d'aligner les mots :
Mais l'enchanteur me trompe, & je ſuis ſans défenſe.
Une grace à mes yeux rachete vingt défauts.

A DÉLIE.

LE joli diable aîlé, dont l'homme a fait un Dieu,
Lisoit un jour ces fantaisies.
En voyant défiler mes Iris, mes Sylvies;
Ces petits Vers, dit-il, mourront tous avant peu:
Mais ton portrait le frappe, & son œil étincelle,
Bien t'en a pris de peindre cette Belle,
S'écria-t-il, de plaisir transporté!
Puis, il prend le Livret, il l'attache à son aîle,
Et les voilà partis pour l'immortalité.

FIN.

ERRATA INDISPENSABLE,

Car mes honnêtes Critiques ne manqueroient pas de m'attribuer toutes ces inattentions.

PAGE 27, au lieu de *rien attriſte*, liſez *n'attriſte*.

Page 73, au lieu *nous ne propoſons*, liſez *ne te propoſons*.

Page 122, au lieu de *les traits charmans qu'ils ont fait naître*, liſez *qui l'ont fait naître*.

Page 141, au lieu de *le frippon*, liſez *le fripon*.

Page 147, au lieu de *je ne dis rien, rien*, liſez *je ne dis rien*.

Page 161, au lieu de *l'ouragan, les rocs*, liſ. *l'ouragan, les rois*.

Page 167, au lieu de *les arts étalant leurs charmes*, liſez *tous leurs charmes*.

Page 170, au lieu de *auriez-vous l'ambition*, liſ. *auriez-vous eu*.

Page 175, au lieu de *faut-il tout riſquer, tout dire*, liſ. *faut-il tout riſquer & tout dire*.

Page 229, au lieu de *du meilleur de nos Rois*, liſ. *de vos Rois*.

TABLE DES *MATIERES*

Contenues dans cet Ouvrage.

LIVRE PREMIER.

ÉPITRES.

LIVRE SECOND.

PIÈCES DIVERSES,

LIVRE TROISIEME.

Fin de la Table des Matieres.

www.ingramcontent.com/pod-product-compliance
Lightning Source LLC
LaVergne TN
LVHW011945220826
846092LV00001B/88

* 9 7 8 2 3 2 9 5 8 5 5 6 7 *